中等职业学校航空服务应用型人才培养规划教材

主编　辜英智

MINHANG ANQUAN JIANCHA SHIXUN ZHIDAO

民航安全检查实训指导

编著　周　敏　唐　冬

四川大学出版社

责任编辑:何　静
责任校对:童际鹏
封面设计:墨创文化
责任印制:王　炜

图书在版编目(CIP)数据

民航安全检查实训指导 / 周敏，唐冬编著. —成都：四川大学出版社，2015.8（2025.7 重印）
中等职业学校航空服务应用型人才培养规划教材 / 辜英智主编
ISBN 978－7－5614－8951－2

Ⅰ. ①民…　Ⅱ. ①周…　②唐…　Ⅲ. ①民航运输－安全检查－中等专业学校－教材　Ⅳ. ①F560.81

中国版本图书馆 CIP 数据核字（2015）第 209821 号

书名　**民航安全检查实训指导**

主　　编	辜英智
编　　著	周　敏　唐　冬
出　　版	四川大学出版社
地　　址	成都市一环路南一段 24 号 (610065)
发　　行	四川大学出版社
书　　号	ISBN 978－7－5614－8951－2
印　　刷	成都市新都华兴印务有限公司
成品尺寸	185 mm×260 mm
印　　张	10.25
字　　数	165 千字
版　　次	2016 年 1 月第 1 版
印　　次	2025 年 7 月第 11 次印刷
定　　价	22.00 元

◆读者邮购本书，请与本社发行科联系。
电话：(028)85408408/(028)85401670/(028)85408023　邮政编码：610065
◆本社图书如有印装质量问题，请寄回出版社调换。
◆网址：http://press.scu.edu.cn

中等职业学校航空服务应用型人才培养规划教材
编审委员会

总 序

随着社会的发展和科学的进步，人们生活水平不断提高，民用航空业发展迅速，呈现出爆发性增长趋势。

近年来，我国民用航空市场快速发展、潜力巨大，航空产业已形成颇具竞争力和影响力的航空经济发展模式，航空公司、机场、航空制造企业、航空维修企业、航空服务企业、航空教育与科研单位等对相关人才的需求与日俱增，为航空服务、航空市场营销等相关专业的毕业生提供了广阔的就业前景。

中等职业学校航空服务专业正是在这一背景下，适应市场需求而产生的。本专业立足于培养适应民航现代化建设需要，服务于生产和管理第一线，具有较高的思想政治素质的航空服务应用型人才。通过综合职业能力训练和全面素质的培养，使学生掌握从事民航旅客运输和管理的基本能力和技能，具有严谨的服务质量意识和良好的职业养成意识，熟悉航空服务的业务流程和工作要求以及有关的政策和法规，能灵活地运用航空英语及能商务礼仪，礼貌得体地与服务对象进行交往，能熟练地使用航空客舱各种设备和应急设备，具备空乘实务、空乘礼仪、语言能力、机舱救护能力、民航运输企业及航空商务管理与服务技能，能够为民航建设与发展做出自身贡献。

教材项目建设是一项系统工程，一定要体现民航学院的特色和成果，体现民航事业突飞猛进发展的时代特征和专业要求。为此，我们按照《中等职业学校航空服务应用型人才培养教材》的要求，注重实用性和适用性，将反映实际的教学设计和教学活动融入教材中，组织编写了这套中等职业学校航空服务应用型人才培养规划教材。

这套教材包括以下九种：《民航基础概论》《民航服务礼仪》《民航服务通用英语》《民航服务与沟通》《民航商务运输》《民航服务人员日常英语》《空中乘务实训指导》《民航安全检查实训指导》《空港地面服务实训指导》。主编辜英智，参与编撰的人员有王志鸿、刘天刚、王艺茹、黄代军、杨宇、罗娅兰、李洪祥、杨军、温善琨、杨玲、马秀英、周敏、唐冬、胡启潮、李清霞、石羽平等。其中，王志鸿负责整套教材的编审及统稿工作。在教材的编撰过程中，编撰者以严谨、认真的工作态度，反复斟酌、修改，力求以深入浅出的分析和生动具体的实例，编撰出能体现中等职业学校航空服务专业特色的系列教材，为我国民航事业的发展尽一份微薄之力。

教材的编撰，参考了一些相关文章和专著，引用了一些资料和图片，谨向这些著作的作者致以诚挚的谢意！教材的编撰和出版得到了成都东星航空旅游专修学院和四川大学出版社的大力支持。

成都东星航空职业学校教材编委会

2015 年 6 月

目　录

第一章　民航安检概论

多看一眼，安全保险

多防一步，少出事故

动手预防，隐患难藏

第一节　民航安全检查的定义

安全检查工作（简称安检）是确保民航空防安全的重要组成部分，是防止劫、炸机安全工作体系的重要环节，无论是从事安全检查工作，还是机上服务，工作人员都必须增强安全意识，共同维护地面和空中的安全。

一、民航安检的定义

安全检查是世界性的航空安全措施。虽然在物品携带的规定上有所不同，但每位乘机旅客都必须接受安全检查是全世界所有的机场都统一的一项规定。安全检查的对象是所有乘坐民航班机的旅客及其行李物品和空运货物、邮件。安全检查的目标是发现一切可用作劫、炸机的危险品和违禁物品。

民用航空安全技术检查简称民航安全检查。是指在民用机场实施的以防止劫（炸）飞机和其他危害航空安全事件的发生，为保障旅客、机组人员和飞机安全所采取的一种强制性的技术性检查。

二、民航安检的任务

安全检查工作包括对乘坐民用航空器的旅客及其行李，进入候机隔离区的其他人员及其物品以及空运货物、邮件的安全技术检查；对候机隔离区内的人员、物品进行安全监控；对执行飞行任务的民用航空器实施监护。

三、民航安检工作的原则

安全技术检查工作应当坚持安全第一、严格检查、文明执勤、热情服务的原则。在具体工作中应做到：

1. 安全第一，严格检查

确保安全是民航安检的宗旨和根本目的，而严格检查则是实现这个目的的手段和对安检人员的要求。所谓严格检查，就是严密地组织勤务，执行各项规定，落实各项措施，以对国家和乘客高度负责的精神，牢牢把好安全检查、飞机监护等关口，切实做到证件不符不放过，安全门报警不排除疑点不放过，X 射线机图像判断不清不放过，开箱（包）检查不彻底不放过，以确保飞机和旅客的安全。

2. 坚持制度，区别对待

国家法律、法规以及有关安检的各项规章制度和规定，是指导安全技术检查工作的实施和处理各类问题的依据，必须认真贯彻执行，绝不能有法不依，有章不循。同时，还应根据特殊情况和不同对象，在不违背原则和确保安全的前提下，灵活处置各类问题。通常情况下对各种旅客实施检查，既要一视同仁，又要注意区别，明确重点，有所侧重。

3. 内紧外松，机智灵活

内紧是指安检人员要有敌情观念，要有高度的警惕性和责任心、紧张的工作作风、严密的检查程序，要有处置突发事件的应急措施等，使犯罪分子无空子可钻。外松是指检查时要做到态度自然，沉着冷静，语言文明，讲究方式，按步骤、有秩序地进行工作。机智灵活是指在错综复杂的情况下，安检人员要有敏锐的观察能力和准确的判断能力，善于分析问题，从受检人员的言谈举止、行装打扮和神态表情中，察言观色，发现蛛丝马迹，不漏掉任何可疑人员和物品。

4. 文明执勤，热情服务

机场是一个地区乃至一个国家的窗口，安检是机场管理和服务工作的一部分。安检人员要树立全心全意为旅客服务的思想，要做到检查规范，文明礼貌；要着装整洁，仪表端庄；要举止大方，说话和气，“请”字当头，“谢”字结尾；要尊重不同地区不同民族的风俗习惯。同时，要在确保安全，不影响正常工作的前提条件下，尽量为旅客排忧解难。对伤、残、病旅客予以优先照顾，不能伤害旅客的自尊心，对孕妇、幼童、老年旅客要尽量提供方便，给予照顾。

【案例小知识】

印度航空公司从阿联酋沙迦飞往印度德里航班的一位机长，在沙迦机场通过安检的时候，被安检员发现满嘴酒气，航空公司不得不在最后一刻换下了他。而后印度航空将这名飞行员停飞，因2014年印度民航局放宽规则，飞行员被发现三次酗酒才会被吊销执照，此前这名飞行员已经被发现两次酗酒。印度航空和印度民航局已经对此事展开调查。因更换机长，载有120名乘客的航班在下午4点35分起飞，比计划时间晚点3个小时。

第二节　民航安检的工作程序

一、准备工作

（1）值班领导在检查开始前应了解航班动态，传达上级有关指示和通知，提出本班要求及注意事项。

（2）安检人员应根据航班动态，制定工作方案，分配工作任务。安检各部门执勤人员应当于当日第一个航班起飞前90分钟与值机部门同步到达现场。

（3）安检开始前，各部门应当做好各项准备工作，包括对候机隔离区进行清场，对X射线机、安全门和手持金属探测器的调试，以及其他检查用具的准备等。

二、实施过程

检查时，安检人员要求旅客按秩序排好队，准备好证件。

（1）查验旅客的身份证及乘机证件，检查无误后再请旅客通过安全门，对有疑点者要进行手工检查。

（2）手提行李物品、托运行李和货物快件、邮件应通过X射线机进行检查，发现可疑物品要开箱（包）检查，必要时可以随时抽查。在无仪器设备或仪器设备发生故障时，应当进行手工检查。

(3) 安检人员应当对进入候机隔离区等候登机的旅客实施监管，防止与未经安全检查的人员混合或接触。

三、结束及移交工作

安检各勤务单位必须认真记录当天工作情况及仪器使用情况，并做好交接工作。

(1) 安检各部门应当做好勤务交接工作，由部门负责人具体组织实施，并全程监督，以防出现漏洞。

(2) 航班结束时，各级勤务部门应当做好各项勤务的善后工作，关闭、锁好各种仪器设备，清点、存放检查器材和执勤用具，打扫卫生。

(3) 上报执勤中发生的情况和发现的问题，以及处理的结果，做好执勤情况的整理、登记和归档工作。

【案例小知识】

安检员交接班记录

班次	交接班人员	本班存在的问题及下班的注意事项	备注
零点班	交班人： 接班人：		
八点班	交班人： 接班人：		
四点班	交班人： 接班人：		

第二章　民航安检法规

勤查勤检，消除隐患

进入现场，集中思想

安全是金，步步小心

措施到位，安而无危

第一节　安检法规概述

一、安检法规的概念

安检法规是指国家立法机关和国家行政机关依据宪法、法律和国家政策制定的，实施民用航空安全技术检查的法律条例、规章、规定、办法、规则等规范性文件的总称。

二、安检法规的特点

安检法规是实施安全技术检查的法律依据，因此具有规范性、强制性、专业性、国际性等特点。

规范性：规范就是标准。安检工作是一项政策性很强的工作，处理问题需要有法律依据，不能随心所欲，更不能感情用事。安检法规的制定，使安检工作有法可依，有章可循。

强制性：安检法规是由国家机关制定，以国家权力为基础，凭借国家机关的强制力来保证实施的行为规则，对所有乘机旅客都有法律效力和约束力。安检法规的强制性表现在两个方面：一方面是规范的强制性。另一方面是执行的强制性，对违反法规的行为要根据情节追究法律责任。

专业性：安检法规属于业务工作规则性质，它规定了安检专业工作的工作范围、方针原则及处罚处置的管理措施等，具有很强的专业性。

国际性：安检法规的国际性表现在它是根据国际公约及与航空安全有关的其他公约，结合国际形势，按国际标准和建议制定的。它的效力范围适用于在我国的任何机场乘坐民航班机的中、外籍旅客。

三、安检法规的作用

安检法规是民航安检部门实施安全技术检查的法律依据，是安检人员依法行使检查权力，保护乘机旅客合法权益，保障民用航空安全的重要武器。安检法规的作用，主要表现在以下方面。

1. 法律规范作用

所谓法律规范，即国家机关制定或认可的，由国家强制力保证实施的一般行为规则。法律规范是人们共同遵守的行为准则，它规定人们在一定条件下，可以做什么，禁止做什么，从而为人们提供一个标准和尺度。安检法规，就是从安全技术检查方面，为安检员和乘机旅客提供一个标准和尺度，从而保证空防安全和民航运输事业的发展。

安检法律的规范作用：一是指引作用。它使人们清楚地懂得应该做什么、怎样做和不该做什么。二是评价作用。法规具有判断、衡量他人行为是合法还是违法的作用，使人们明确什么是合法，什么是违法。三是教育作用。它对人今后的行为发生影响。

2. 业务指导作用

任何工作都必须由一定的理论和规范指导，否则就要偏离方向，造成失误。安检工作是民航安全工作的重要组成部分，业务性强，政策性强。因此在安检过程中，要不断教育安检人员，加强对安检法规的学习，把法规作为安检工作的行为准则。只有用法规去开展工作，依法进行严格检查，依法处理工作中的问题，才能促进安全技术检查的规章建设。

3. 惩罚约束作用

安检法规的惩罚约束作用体现在：一方面，安检法规对乘机旅客具有约束力，不管乘机旅客愿意不愿意，都必须接受安全技术检查，明令禁止旅客携带危险物品和违禁物品，违者将按照《航空安全保卫条例》受到拒绝登机、没收违禁物品等相应的处罚。另一方面，安检人员在依法行使安全技术检查权利时，明确规定了安全技术检查的范围。在检查过程中查出违禁物品时，应根据有关规定分别处理。

【案例小知识】

某日中午 12 点左右，北京首都国际机场三号航站楼国内出发的安检处上演了一出闹剧。50 多岁的吴某在过安检时，对手检员的人身检查表现得很不耐烦。手检员检查她所穿的厚底坡跟鞋时出现报警反应，于是要求吴某脱鞋检查。吴某此时大发雷霆，并声称自己的鞋跟里有大麻。安检

员要求她脱鞋过检，她不听劝阻，并多次辱骂工作人员，最后甚至擅自离开安检区。此时，安检员及时报警。吴某被强制传唤至东航站区派出所，经检查，吴某的鞋子无异常。

根据《治安管理处罚法》，吴某因阻碍执行职务被行政拘留5日。吴某最后终于冷静地面对了自己所犯的错误。她表示很后悔，称自己是个老师，因为更年期的缘故，脾气一直很不好，自己无法控制。

第二节 《中华人民共和国民用航空安全保卫条例》的相关知识

《中华人民共和国民用航空保卫条例》于1996年7月6日由国务院发布，共6章，40条款。

《中华人民共和国民用航空保卫条例》的立法目的是为了防止对民用航空器的非法干扰，维护民用航空秩序，保障民用航空安全。

一、《中华人民共和国民用航空安全保卫条例》对乘机旅客行李检查的规定

乘坐民用航空器的旅客和其他人员及其携带的行李物品，必须接受安全检查；但是，国务院规定免检的除外。

拒绝接受安全检查的，不准登机，损失自行承担。

二、《中华人民共和国民用航空安全保卫条例》对乘机旅客证件检查的相关规定

安全检查人员应当检验旅客客票、身份证件和登机牌。

三、《中华人民共和国民用航空安全保卫条例》对乘机旅客实施人身检查的相关规定

安检人员应当使用仪器或手工对旅客进行安全检查，必要时可以从严

检查。

四、《中华人民共和国民用航空安全保卫条例》关于严禁旅客携带违禁物品的规定

除国务院另有规定的外，乘坐民用航空器的，禁止携带或者交运下列物品：

(1) 枪支、弹药、军械、警械。

(2) 管制刀具。

(3) 易燃、易爆、有毒、腐蚀性、放射性物品。

(4) 国家规定的其他禁运物品。

五、《中华人民共和国民用航空安全保卫条例》对进入候机隔离区工作人员安全检查的规定

进入候机隔离区的工作人员（包括机组人员）及其携带的物品，应当接受安全检查。

接送旅客的人员和其他人员不得进入候机隔离区。

六、《中华人民共和国民用航空安全保卫条例》关于货物检查的相关规定

空运的货物必须经过安全检查或者对其采取其他安全措施。

货物托运人不得伪报品名托运或者在货物中夹带危险物品。

七、《中华人民共和国民用航空安全保卫条例》关于邮件检查的规定

航空邮件必须经过安全检查。发现可疑邮件时，安全检查部门应当会同邮政部门开包查验处理。

外交邮袋免于安全检查。外交信使及其随身携带的其他物品应当接受安全检查；但是，中华人民共和国缔约国或者参加的国际条约另有规定的除外。

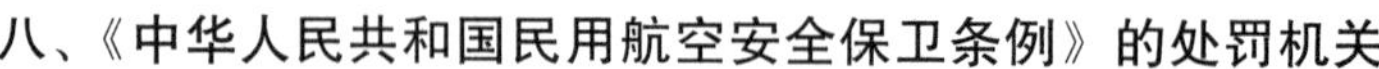

八、《中华人民共和国民用航空安全保卫条例》的处罚机关

违反《民用航空安全保卫条例》的处罚机关是民航公安局。

九、《中华人民共和国民用航空安全保卫条例》关于在航空器活动区和维修区内人员、车辆的规定

在航空器活动区和维修区内的人员、车辆必须按照规定路线行进，车辆、设备必须在指定位置停放，一切人员、车辆必须避让航空器。

十、《中华人民共和国民用航空安全保卫条例》关于机场控制区的划分

机场控制区应当根据安全保卫的需要，划定为候机隔离区、行李分拣装卸区、航空器活动区和维修区、货物存放区等，并分别设置安全防护设施和明显标志。

第三节 《中国民用航空安全检查规则》的主要内容

《中国民用航空安全检查规则》为中国民用航空规章第339SB部，即CCSR－339SB，是民用航空安全工作的规范性文件，于1999年5月14日发布，1999年6月1日生效，简称《85号令》。

《中国民用航空安全检查规则》总则的主要内容：

（一）民用航空安全检查机构，依照有关法律、法规和本规则，通过实施安全检查工作，防止危及航空安全的危险品、违禁品进入民用航空器，保障民用航空器及其所载人员、财产的安全。

（二）安检机构依法对乘坐民用航空器的旅客及其行李、进入候机隔离区的其他人员及其物品以及空运货物、邮件的安全检查；对候机隔离区内的人员、物品进行安全监控：对执行飞行任务的民用航空器实施监护。

（三）中国民用航空总局公安局（以下简称民航局公安局）及其派出机构，对安检机构的业务工作进行统一管理和检查、监督。从事民用航空活动的单位和人员应当配合安检机构开展工作，共同维护民用航空安全。

（四）安检部门发现有本规则规定的危及民用航空安全行为的，应当予以制止并交机场公安机关审查处理。

（五）乘坐民用航空器的旅客及其行李，以及进入候机隔离区或民用航空器的其他人员和物品，必须接受安全技术检查；但是，国家规定免检的除外。

（六）安全检查应当收取费用。费用的收取标准按照有关规定执行。

（七）安检工作应当坚持安全第一、严格检查、文明执勤、热情服务的原则。

第四节　禁止旅客随身携带或者托运的物品

《中国民用航空安全检查规则》附件一即《禁止旅客随身携带或者托运的物品》，它是依据《中华人民共和国民用航空安全保卫条例》的规定，由国务院民用航空主管部门根据实际情况制定的具体规定，向社会公布。

《中国民用航空安全检查规则》附件一《禁止旅客随身携带或者托运的物品》如下，共九大类。

（1）枪支、军用或警用械具类（含主要零部件）。

①军用枪、公务用枪：手枪、步枪、冲锋枪、机枪、防爆枪等，如图2—1。

图 2—1

②民用枪：气枪、猎枪、运动枪、麻醉注射枪、发令枪等，如图2－2。

图 2－2

③其他枪支：样品枪、道具枪等，如图 2－3。

图 2－3

④军械、警械：警棍、军用或警用匕首、刺刀等，如图 2－4。

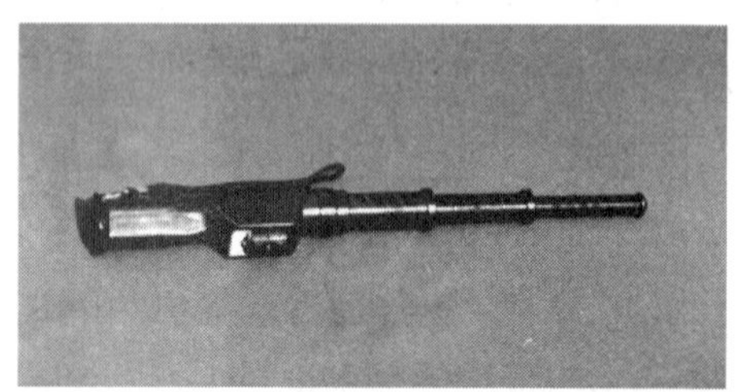

图 2－4

⑤国家禁止的枪支、械具：钢珠枪、催泪枪、电击枪、电击器、防卫器等，如图 2－5。

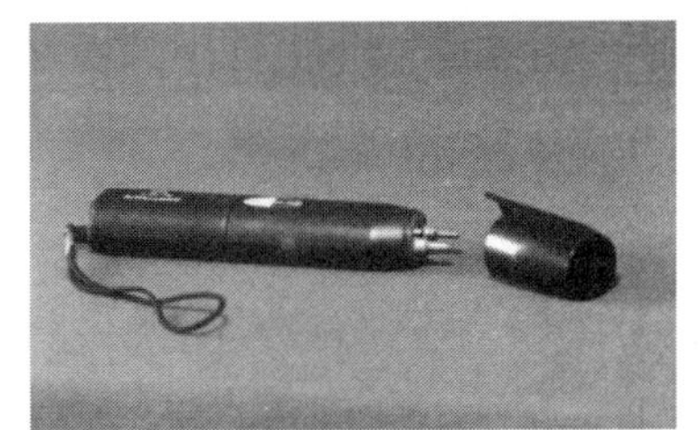

图 2—5

⑥上述物品的仿制品。

（2）爆炸物品类。

①弹药：炸弹、手榴弹、照明弹、燃烧弹、烟幕弹、信号弹、催泪弹、毒气弹和子弹（空包弹、战斗弹、检验弹、教练弹）等，如图 2—6。

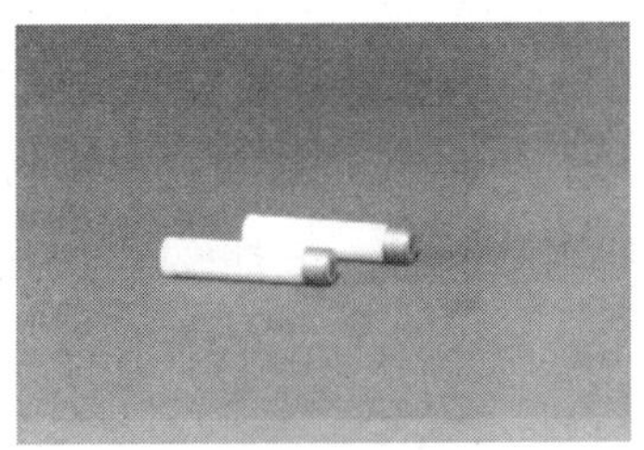
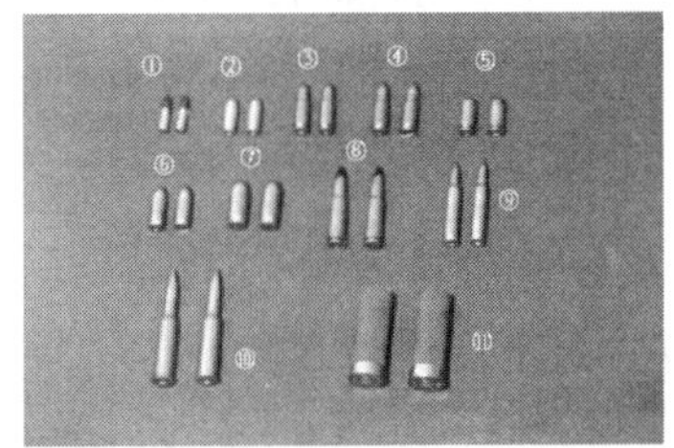

图 2—6

②爆破器材：炸药、雷管、导火索、导爆索、非电导爆系统、爆破剂等，如图 2—7。

图 2—7

③烟火制品：礼花弹、烟花、爆竹等，如图 2-8。

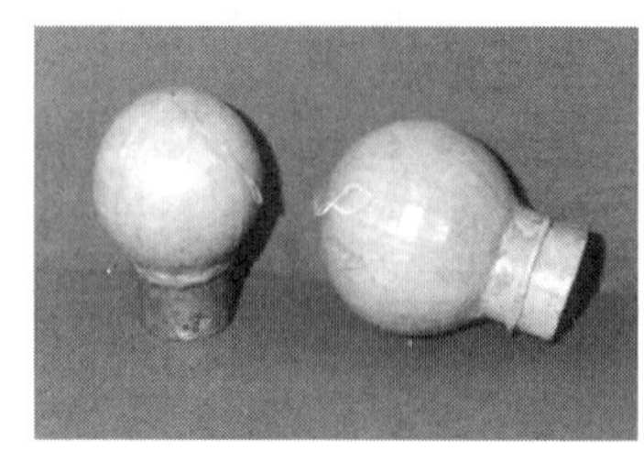

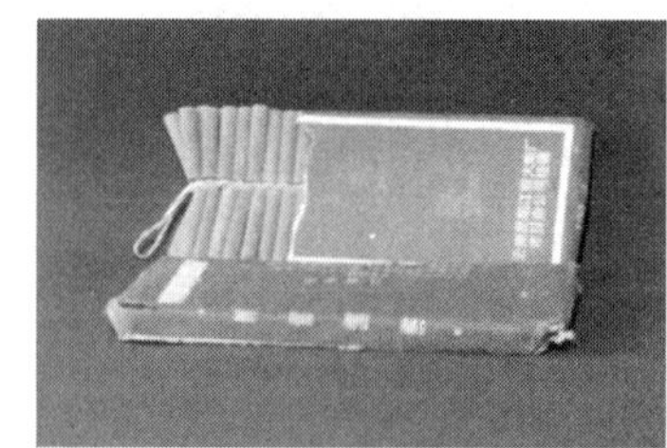

图 2-8

④上述物品的仿制品。

（3）管制刀具。指 1983 年经国务院批准由公安部颁布实施的《对部分刀具实行管制的暂行规定》中所列出的刀具，包括匕首、三棱刀（包括机械加工用的三棱刮刀）、带有自锁装置的刀具和形似匕首但长度超过匕首的单刃刀、双刃刀以及其他类似的单刃、双刃、三棱尖刀等，如图 2-9。少数民族由于生活习惯需要佩带、使用的藏刀、腰刀、靴刀等属于管制刀具，只准在民族自治地方销售、使用。

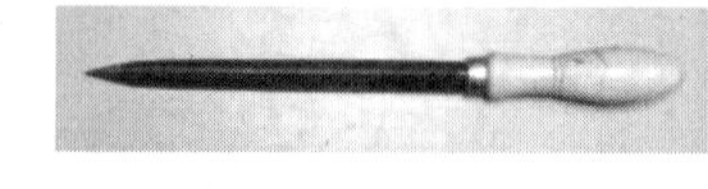

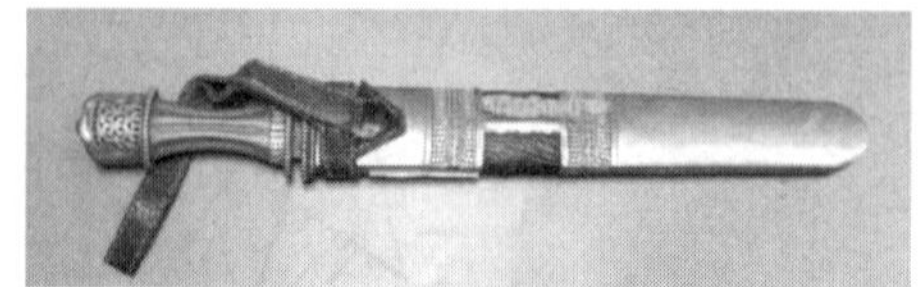

图 2-9

（4）易燃易爆物品。氢气、氧气、丁烷等瓶装压缩气体、液化气体；黄磷、白磷、硝化纤维（含胶片）、油纸及其制品等自燃物品；金属钾、钠、锂、碳化钙（电石）、镁铝粉等遇水燃烧物品；汽油、煤油、柴油、苯、乙醇（酒精）、油漆、稀料、松香油等易燃液体；闪光粉、固体酒精、赛璐珞等易燃固体；过氧化钠、过氧化钾、过氧化铅、过氧乙酸等各种无机、有机氧化剂，如图 2-10。

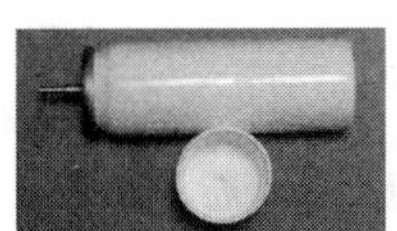

图 2—10

（5）毒害品：包括氰化物、剧毒农药等剧毒物品，如图 2—11。

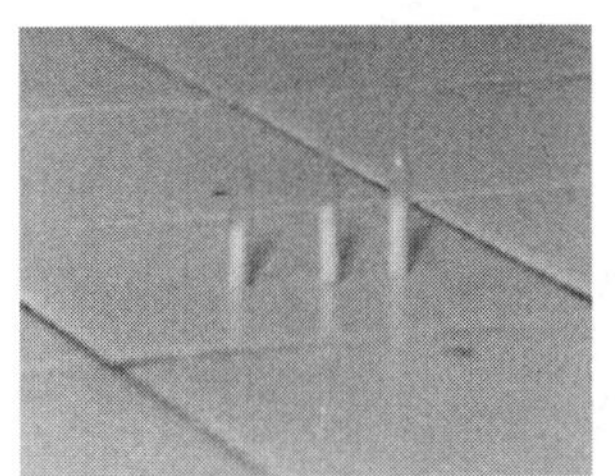

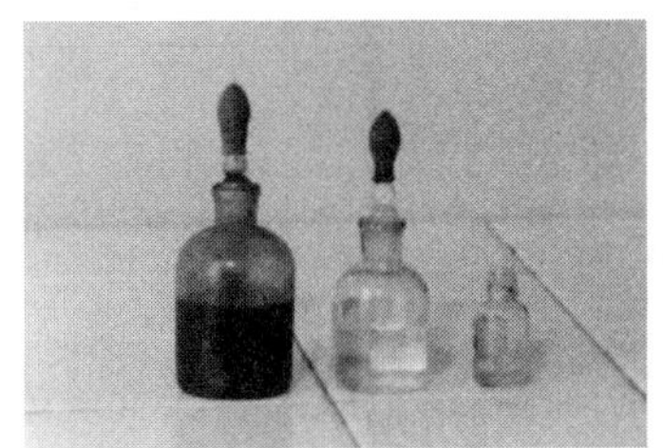

图 2—11

（6）腐蚀性物品：包括硫酸、盐酸、硝酸、有液蓄电池、氢氧化钠、氢氧化钾等，如图 2—12。

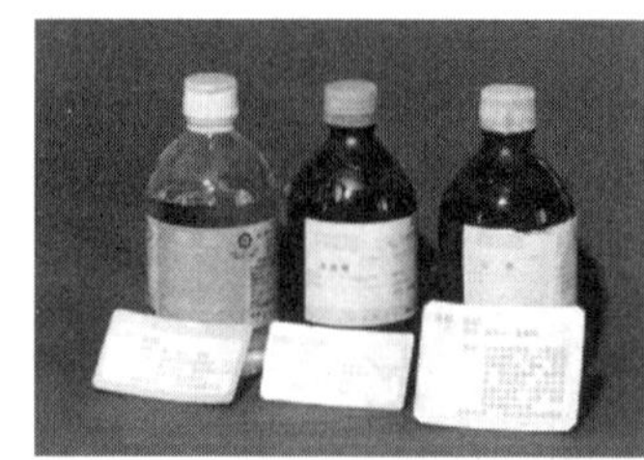

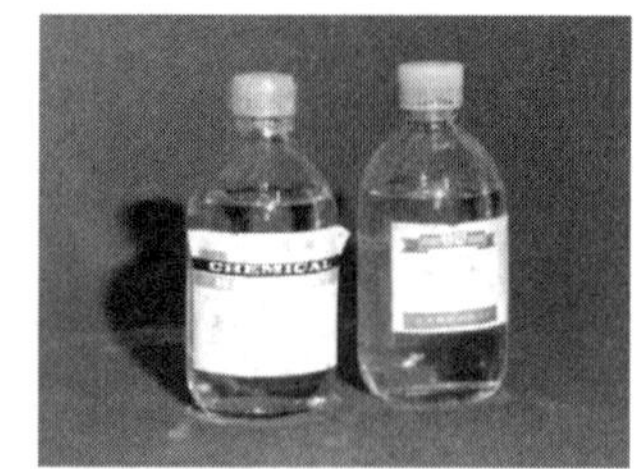

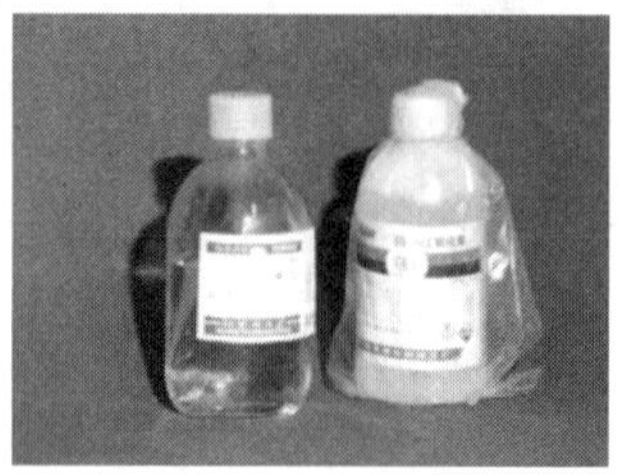

图 2－12

（7）放射性物品：放射性同位素等放射性物品，如图 2－13。

图 2－13

（8）其他危害飞行安全的物品，如可能干扰飞机上各种仪表正常工作的强磁化物、有强烈刺激性气味的物品等。

（9）国家法律法规规定的其他禁止携带、运输的物品。

【案例小知识 1】

2008 年 4 月 7 日中国民用航空局发布《关于禁止旅客随身携带打火机、火柴乘坐民航飞机的公告》（〔2008〕3 号），对旅客随身携带打火机、火柴作如下规定：

根据航空安全需要，决定从即日起，禁止旅客随身携带打火机、火柴乘坐民航飞机。提醒广大旅客自行处理好相关物品，由此发生的延误和误机，后果自负。

【案例小知识 2】

据泰国《世界日报》报道，泰国清迈机场主任、空军中校纳猜表示，对于有乘客在社交网站上自称携带玩具手枪登机一事，机场方面正对此展开调查，确定是否存在失误情况，并将强化安检、封堵漏洞。同时对于当事人也将依法予以处罚。

此前，有乘客在社交网络上发表图文，自称无意中携带一把玩具手枪从清迈机场成功登机，并称不知为何清迈机场安检系统没查出。所贴图片为在机上座位后面亮出手枪。据悉，从照片上无法确认拍摄者搭乘的是哪一个航班，或者是否为真实照片。

为此，纳猜近日陪同新闻媒体实地参观和考察机场安检系统，向媒体展示各个阶段安检的情况，并通过演示证明安检系统能非常准确地检查出装有枪支的包。

纳猜表示，对于上述情况清迈机场非常重视，并在第一时间对整个机场安检系统进行检查，确定是否真的有乘客将玩具手枪带上飞机，以及安检系统是否存在漏洞。他强调，清迈机场的安检系统与其他民航机场一样，均按照国际民航标准执行。

他还指出，乘客携带玩具手枪上飞机的做法已经违反了民航管理法，一旦查出将给予刑事和民事处罚，所以机场方面将调查在个人社交网站上称携带玩具手枪登机乘客的情况，并依法进行处理。

第五节　禁止旅客随身携带但可托运的物品

《中国民用航空安全检查规则》附件二即《禁止旅客随身携带但可托运的物品》，它是依据《中华人民共和国民用航空安全保卫条例》的规定，由国务院民用航空主管部门根据实际情况制定的具体规定，向社会公布。

（1）菜刀、大剪刀、水果刀、剃刀等生活用刀，如图 2−14。

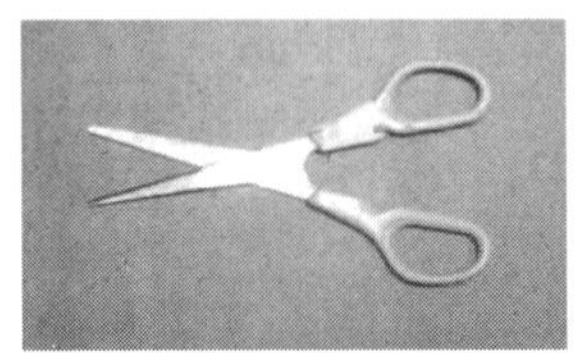

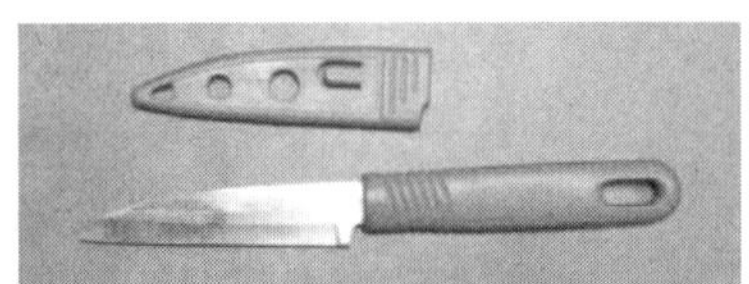

图 2−14

（2）手术刀、屠宰刀、雕刻刀等专业刀具，如图 2−15。

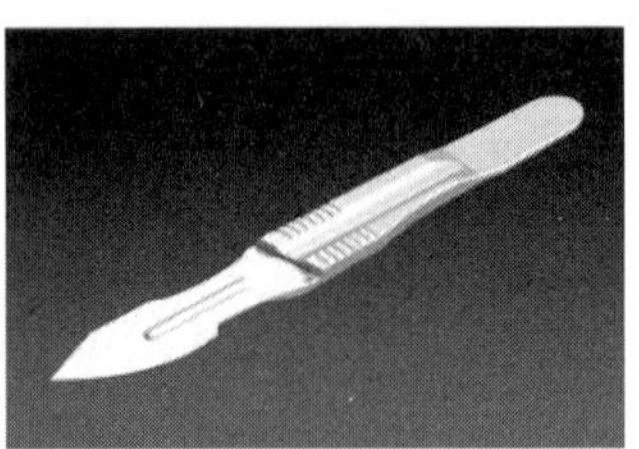

图 2−15

（3）文艺单位表演刀的刀、矛、剑、戟等，如图 2−16。

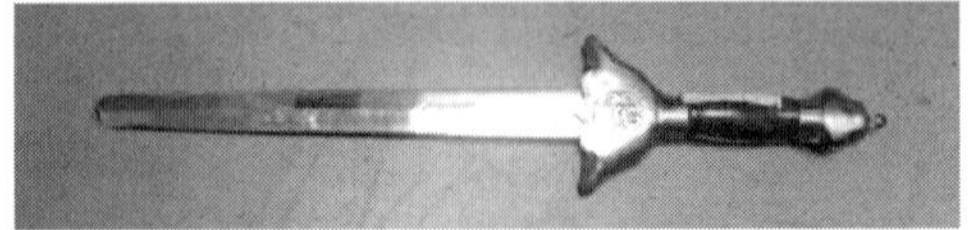

图 2−16

(4) 斧、凿、锤、锥、加重或有尖钉的手杖、铁头登山杖，如图 2—17。

图 2—17

(5) 酒类（1 公斤以内且包装完好）。

(6) 其他可用来危害航空安全的利器、钝器，如图 2—18。

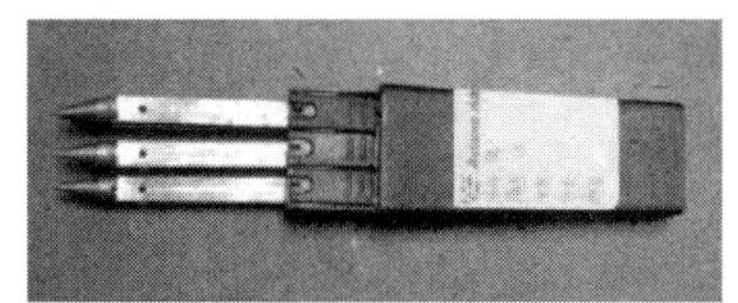

图 2—18

【案例小知识 1】

根据中国民用航空局 2008 年 3 月 4 日发布的《关于禁止旅客随身携带液态物品乘坐国内航班的公告》，对旅客随身携带液态物品作如下规定：

为维护旅客生命财产安全，中国民用航空局决定调整旅客随身携带液态物品乘坐国内航班的相关措施，现公告如下：

一、乘坐国内航班的旅客一律禁止随身携带液态物品，但可办理交运，其包装应符合民航运输有关规定。

二、旅客携带少量旅行自用的化妆品，每种化妆品限带一件，其容器容积不得超过 100 毫升，并置于独立袋内，接受开瓶检查。

三、来自境外须在中国境内机场转乘国内航班的旅客，其携带入境的免税液态物品应置于袋体完好无损且封口的透明塑料袋内，并需出示购物凭证，经安全检查确认无疑后，交由机组保管。

四、有婴儿随行的旅客，购票时可向航空公司申请，由航空公司在机上免费提供液态乳制品；糖尿病患者或其他患者携带必需的液态药品，经安全检查确认无疑后，交由机组保管。

五、乘坐国际、地区航班的旅客，其携带的液态物品仍执行中国民用航空局 2007 年 3 月 17 日发布的《关于限制携带液态物品乘坐民航飞机的

公告》中有关规定。

六、旅客违反上述规定造成误机等后果，责任自负。

本公告自公布之日起施行。

【案例小知识 2】

某日，白云 B 区安检通道内突然传来一阵喧闹："哎，先生！先生！您不能这么喝呀！这如果喝醉了，是不能上飞机的啊！"引得其他旅客纷纷侧目观看。

原来，王先生和杨先生在接受安全检查时，其随身行李中，一个摆件引起了开机员小罗的注意，于是让开包员小莫进行开包检查。待王先生将摆件取出，是一座"萌虎"像（见图 2－19）。但经过小莫的检查，这"萌虎"内有乾坤啊！王先生神秘地说："小姑娘，这里面可是好东西啊！是我兄弟从老家搞来壮阳酒，老贵老贵了，花了咱哥俩八千多块呢！你闻闻，老香了！"说罢把虎头一拔，将酒凑到小莫鼻下，瞬间浓郁的酒香在通道里溢开。

但由于酒类物品需要托运携带，而且他们的航班即将登机，已无时间办理托运手续了。哥俩一听这酒横竖都带不走，还没等小莫反应过来，王先生便仰头豪饮！灌了几口又顺手把酒瓶递给杨先生，杨先生也是一顿猛灌。这哥俩真实上演的"人在囧途"，俩人喝得是脸红耳赤，也把周围过检的旅客吓了一大跳。见两人有"干瓶"的意思，班长小陈立刻正声制止并告知：醉酒旅客有可能不予以登机！王先生才把酒瓶放下，悻悻地说："没事，没事！咱哥俩酒量好着呢，醉不了！这不是心疼这壮阳酒嘛！下次不带了，带也知道托运了！"

图 2—19

第六节　航空安全保卫国际公约、法律

一、国际民用航空组织（ICAO）概况

国际民用航空组织（International Civil Aviation Organization，简称国际民航组织）前身为根据 1919 年《巴黎公约》成立的空中航行国际委员会（ICAO）。由于第二次世界大战对航空器技术发展起到了巨大的推动作用，使得世界上已经形成了一个包括客货运输在内的航线网络，但随之也引起了一系列急需国际社会协商解决的政治上和技术上的问题。因此，在美国政府的邀请下，52 个国家于 1944 年 11 月 1 日至 12 月 7 日参加了在芝加哥召开的国际会议，签订了《国际民用航空公约》（通称《芝加哥公约》），按照公约规定成立了临时国际民航组织（PICAO）。

1947 年 4 月 4 日，《芝加哥公约》正式生效，国际民用航空组织也因之正式成立，并于 5 月 6 日召开了第一次大会。同年 5 月 13 日，国际民航组织正式成为联合国的一个专门机构。

1947 年 12 月 31 日，“空中航行国际委员会”终止，并将其资产转移给“国际民用航空组织”。我国是国际民航组织的创始国之一，旧中国政府于 1944 年签署了《国际民用航空公约》，并于 1946 年正式成为会员国。

1971 年 11 月 19 日国际民航组织第七十四届理事会第十六次会议通过决议，承认中华人民共和国政府为中国唯一合法代表。

1974 年我国承认《国际民用航空公约》并参加国际民航组织的活动。同年我国当选为二类理事国，至今已十次连选连任二类理事国。

2004 年在国际民航组织的第 35 届大会上，我国当选为一类理事国。蒙特利尔设有中国常驻国际民航组织理事会代表处。

2013 年 9 月 28 日，中国在加拿大蒙特利尔召开的国际民航组织第 38 届大会上再次当选为一类理事国。这是自 2004 年以来，中国第四次连任一类理事国。当天参加投票选举的国家有 173 个，除中国外，德国、日本、意大利、澳大利亚、俄罗斯、巴西、美国、英国、法国、加拿大也同时继续当选一类理事国。

二、国际航空运输协会（IATA）概况

国际航空运输协会（International Air Transport Association）前身是 1919 年在海牙成立并在“二战”时解体的国际航空业务协会。1944 年 12 月，出席芝加哥国际民航会议的一些政府代表和顾问以及空运企业的代表聚会，商定成立一个委员会为新的组织起草章程。1945 年 4 月 16 日在哈瓦那会议上修改并通过了草案章程后，国际航空运输协会成立。同年 10 月，新组织正式成立，定名为国际航空运输协会，总部设在加拿大的蒙特利尔。第一届年会在加拿大蒙特利尔召开。国际航空运输协会在全世界近 100 个国家设有办事处，280 家会员航空公司遍及全世界 180 多个国家。在中国有 13 家会员航空公司（除中国香港、澳门和台湾地区外）。凡国际民航组织成员国的任一经营定期航班的空运企业，经其政府许可都可成为该协会的会员。经营国际航班的航空运输企业为正式会员，只经营国内航班的航空运输企业为准会员。

国际航空运输协会总部设在加拿大的蒙特利尔，在蒙特利尔设有总办事处，在日内瓦设有清算所，在纽约、巴黎、新加坡、曼谷、内罗毕、北

京等地设有办事处。

三、国际民用航空公约及其附件

国际民用航空公约（The International Civil Aviation Covenant）习称“芝加哥公约”，是有关国际民用航空在政治、经济、技术等方面问题的国际公约。国际民用航空公约是1944年12月7日在芝加哥召开的国际民用航空会议上签订的有关民航的公约。1947年4月4日起生效。它是国际民航界公认的“宪章”，是现行航空法的基本文件。它规定了民用航空的范围、实行措施和国际民航组织等基本内容。国际民航组织通过制定公约附件对民航领域的各个方面形成具有约束力的技术文件。公约附件的正式名称是“国际标准和建议措施”，目前已经制定了18个附件：

附件一：人员执照的颁发

附件二：《空中规则》

附件三：《国际航空气象服务》

附件四：《航图》

附件五：《空中和地面运行中所使用的计量单位》

附件六：《航空器的运行》

第Ⅰ部分 － 国际商业航空运输 － 定翼飞机

第Ⅱ部分 － 国际通用航空 －定翼飞机

第Ⅲ部分 － 国际运行 － 直升机

附件七：《航空器国籍和登记标志》

附件八：《航空器适航性》

附件九：《简化手续》

附件十：《航空电信》（第Ⅰ、Ⅱ、Ⅲ、Ⅳ和Ⅴ卷）

附件十一：《空中交通服务》

附件十二：《搜寻与援救》

附件十三：《航空器事故和事故征候调查》

附件十四：《机场》

第Ⅰ卷 －《机场的设计和运行》

第Ⅱ卷 －《直升机场》

附件十五：《航空情报服务》

附件十六：《环境保护》（第Ⅰ卷和第Ⅱ卷）

附件十七：《保安 － 保护国际民用航空免遭非法干扰行为》

附件十八：危险品的安全航空运输

四、有关航空安全保卫的国际公约

为阻止威胁、破坏国际民用航空安全与运行，以及非法劫持航空器的行为的发生，国际民航界先后制定了《东京公约》《海牙公约》《蒙特利尔公约》及《蒙特利尔公约》的补充协定书，这些公约作为直接解决航空保安问题的国际文件已经被各国采纳并接受。1991 年在蒙特利尔召开的外交会议通过了注标塑性炸药以便探测的公约。

（一）《东京公约》

即 1963 年 9 月 14 日订于东京，于 1969 年 12 月 4 日生效的《关于在航空器内的犯罪和犯有某些其它行为的公约》（简称《东京公约》）。该公约于 1979 年 2 月 12 日对我国生效。该公约主要是为了解决在国际民用航空器上犯罪的刑事管辖权问题，避免产生刑事管辖权的漏洞或空白。为此，公约从立法管辖和司法管辖两方面对航空器上的犯罪进行了规定。

1.《东京公约》关于对机长处置权限的规定

《东京公约》规定了机长有权对航空器上的“犯罪”者采取措施，包括必要的强制性措施；机长有命令“犯罪”者在任何降落地点下机的权利；对航空器上发生的严重犯罪，机长有将案犯交降落地国合法当局的权利。

2.《东京公约》的主要内容

（1）规定了航空器登记国有权管辖飞机上的“犯罪”行为。也规定了非登记国有权管辖飞机上的“犯罪”行为的几种情况。

（2）规定了机长有权对“犯罪”者采取措施，包括强制性措施，并在为保护飞机上生命财产安全的情况下，命令“犯罪”者在飞机降落地离开飞机，或者交当地合法当局。

（3）规定了接受“犯罪”者的国家可以根据案情，将“犯罪”者留在国境内以便审讯或引渡，并通知各有关国家。

（4）规定了各国应采取一切措施，使被劫持飞机恢复由其合法机长控制，被劫持飞机将落地的国家应允许旅客和机组尽快继续飞行。

（二）《海牙公约》

即 1970 年 12 月 16 日订于海牙，1971 年 10 月 14 日生效的《关于制止非法劫持航空器的公约》（简称《海牙公约》）。该公约于 1980 年 10 月 10 日对我国生效。《东京公约》虽然对劫持航空器的问题也作了一些规定，如该公约第十一条第 1 款规定："如航空器内某人非法地用暴力或暴力威胁对飞行中的航空器进行了干扰、劫持或非法控制，或行将犯此类行为时，缔约国应采取一切适当措施，恢复或维护合法机长对航空器的控制。"

1.《海牙公约》关于对劫机犯罪行为的界定

用武力、武力威胁、精神胁迫方式，非法劫持或控制航空器（包括未遂）即构成刑事犯罪。

2.《海牙公约》的主要内容

（1）严厉惩罚飞机劫持者。

（2）缔约国对劫机行为的管辖范围。

（3）缔约国承担义务，将劫机情况通知有关国家，并将处理情况报告国际民航组织。

（三）《蒙特利尔公约》

即 1971 年 9 月 23 日订于蒙特利尔，1973 年 1 月 26 日生效的《关于制止危害民用航空安全的非法行为的公约》（简称《蒙特利尔公约》）。本公约于 1980 年 10 月 10 日对我国生效。由于《海牙公约》只专门针对空中劫持的犯罪行为，而实际上还有一些危害国际民用航空的严重犯罪行为尚未规定进去，因此，处理此类犯罪就没有国际刑法的依据。就在国际民航组织正在草拟《海牙公约》时，1970 年 2 月 21 日同一天，就发生了两起犯罪分子向飞机秘密放置炸弹引起空中爆炸的事件。这使得国际社会进一步意识到只有一个《海牙公约》还不足以有效地惩治各种危害民用航空安全的犯罪行为，还需要制定一个内容更广的国际公约。因此，1970 年 9 月，在伦敦召开了国际民航组织法律委员会第 18 次会议，拟出了公约草案。1971 年 9 月，在蒙特利尔外交会议上，产生了《关于制止危害民用

航空安全的非法行为的公约》。

1.《蒙特利尔公约》的主要内容

缔约各国对袭击民航飞机、乘客及机组人员，爆炸损毁民航飞机及民航设施等危及飞行安全的人，要给予严厉的处罚，其规定与《海牙公约》相似。

2. 关于对威胁航空安全犯罪的界定

凡非法故意实施下列行为之一者，均为犯罪：

(1) 对飞行航空器上的人实施暴力行为，具有危害该航空器的性质。

(2) 毁坏使用中的航空器，或者致使航空器损坏，使其无法飞行或者危害飞行安全。

(3) 在使用中的航空器上放置或者使别人放置某种装置或物质，该装置或物质足以毁灭该航空器或者对该航空器造成毁坏使其无法飞行，或足以危害飞行安全。

(4) 毁坏或损坏航行设施或扰乱其工作，有危害飞行中航空器安全的性质。

(5) 传送虚假的情报，由此危害飞行中航空器的安全。

(6) 上述各行为的未遂犯及共犯（包括未遂共犯）。

(四)《蒙特利尔公约》的补充协定书

即1988年2月24日订于蒙特利尔，1989年8月6日生效的《制止在为国际民用航空服务的机场上的非法暴力行为的议定书》（简称《蒙特利尔公约补充议定书》）。该议定书于1989年8月6日对我国生效。1971年9月23日签订的《蒙特利尔公约》虽然较之《海牙公约》，扩大了罪行范围，使其包括“在飞行中”的航空器内所犯罪行，也包括“在使用中”的航空器内所犯罪行；既包括直接针对航空器本身的罪行，也包括针对航空设备的罪行。但该公约没能将犯罪分子危害机场安全的犯罪行为包括进去。如1973年8月，在希腊雅典机场，正当旅客排队经过安检而登机的过程中，两名恐怖分子投掷手榴弹，当场炸死5人、炸伤55人。为了弥补这个缺陷，1988年2月24日，国际社会又在蒙特利尔签订了《蒙特利尔公约补充议定书》，将危害国际民用航空机场安全的暴力行为规定为一种国际犯罪。

（五）关于注标塑性炸药以便探测的公约

1991年在蒙特利尔召开的外交会议上通过该公约，目的在于通过责任方采取适当的方法确保这类塑性炸药的注标能够便于其探测，有助于防止与塑性炸药的使用有关的非法行为。各机构被强制采取必要的和有效的措施，禁止和防止在其领土上制造未注标的塑性炸药；同样禁止和防止未注标的塑性炸药流入或流出其领土。

【案例小知识1】

据报道：某航空公司25日飞往印度尼西亚的一架客机发出遭劫持信号，最后安全降落在目的地巴厘岛机场。现已查明，所谓“劫机”原来是一名醉酒乘客企图硬闯驾驶舱，事后被证实这只是由于通讯失误所造成的一场虚惊。

据某航空公司分公司负责人说，这架波音737客机由澳大利亚布里斯班飞往印尼巴厘岛途中，机上一名28岁澳大利亚籍乘客醉酒后大闹机舱，并试图进入驾驶舱，飞行员感受到了劫机威胁而发出了飞机被劫持的信号。

该负责人说，这名闹事乘客随后被机组人员控制住，被安置在飞机后排。客机随后安全降落在巴厘岛机场，机上139名乘客安然无恙。

澳大利亚维珍蓝航空公司驻努拉莱机场经理在接受采访时表示，由于事实上飞机完全没有被劫持，该名乘客并未持有任何攻击性武器并且在机上就已经被控制，没有任何乘客和机组成员在事件中受伤。

据报道，“劫机”消息引发巴厘岛登巴萨机场严阵以待，目击者说多辆军用卡车载着安全人员包围了刚刚降落的客机。醉酒乘客随后被带下飞机，被印尼警方拘捕。

维珍澳大利亚航空公司也发布声明说，此前关于该公司一架客机遭劫持的消息不准确，飞机已降落在目的地，所有乘客安然无恙。

【案例小知识2】

据报道某航空公司一架载有大约200人的客机17日飞行途中遭劫持，改道降落瑞士日内瓦机场。虽然事件以劫机者被捕告终，客机在高空盘旋

以及急降的经历还是让不少乘客心有余悸。

一些乘客回忆，他们起初并不知道客机遭到劫持，看到机长被锁驾驶舱外，一度以为副驾驶“疯了”。

副驾驶关闭驾驶舱改航道

25 岁的意大利乘客弗朗切斯科·科莫回忆，因客机午夜后起飞，他和其他乘客当时都在座位上睡觉，直到客机开始剧烈颠簸才惊醒。

“机长一直在警告（劫机者）打开驾驶舱门，还试图把门砸开，但没有成功，”科莫告诉意大利安莎通讯社，“这时候，客机广播里传来用蹩脚英语说的话，但从中可以清楚了解（劫机者）威胁让客机坠毁的意思。”

日内瓦警方事后证实，客机副驾驶趁机长中途去洗手间的间歇关闭驾驶舱，独自驾驶客机改道前往日内瓦。

不久，出现紧急情况时会自动掉落的氧气面罩从座位上方掉下来，让机上乘客异常紧张。

“我们感到害怕，因为看到（氧气面罩）掉下来，而飞行员通常友好温和的声音也显得焦虑狂躁，说‘用氧气面罩呼吸！坐下！’”意大利乘客保拉·卡萨莱说，“然后，客机骤降了两次。”

颠簸与恐惧中度过半小时

乘客科莫说，客机飞行一段时间后，他突然发现下方是阿尔卑斯山，意识到客机已经飞过意大利。

“我以为副驾驶已经疯了，”科莫告诉意大利媒体，“我们飞过一个湖，就怀疑不会在（意大利）米兰着陆……我看到阿尔卑斯山后，就意识到已经不在意大利（上空）了。我们开始在日内瓦上空盘旋，让人非常害怕。”

另一名乘客迭戈·加尔代利回忆，副驾驶一度威胁乘客，称：“如果你不坐在座位上，系好安全带，我会拿走你的氧气。”

加尔代利说，乘客就这样戴着氧气面罩，在颠簸和恐惧中度过了半小时。“一位空姐还对我们说：‘你们是基督徒吗？向上帝祈祷吧。’”

意法战机升空保欧盟安全

因客机原先并没有在日内瓦机场降落的计划，机场方面最初以为这架客机可能需要在日内瓦机场紧急降落，补充燃油，不久才得知客机遭劫持。

日内瓦机场一名高层管理人员告诉路透社记者，机场地面控制塔接到过客机上发出的劫机代码。

“劫机有相应代码。这名副驾驶输入了代码，称‘我刚劫持了这架客机’。”这名高管说。

当客机飞越意大利和法国领空时，意大利和法国先后出动战机“陪同”飞行，观察客机动向。

意大利空军一名官员证实，战机升空的指令来自北大西洋公约组织，目的是确保客机不会危害欧盟国家的国土安全。

另据报道，瑞士方面在这次劫机事件中没有出动战机拦截，原因是劫机事件发生在清晨，不在瑞士空军的正常工作时间、即早 8 点到晚 5 点时间段内。

日内瓦机场方面最初拒绝遭劫客机的着陆请求，直至当地时间清晨 5 时 30 分才发出准许客机降落的信号。

“他（副驾驶）把客机停在了滑行道上，关掉引擎，打开驾驶舱，扔下一根绳索，依靠它降落到地面，”瑞士警方发言人埃里克·格朗让说，“他跑向警察，主动承认自己是副驾驶，劫持了客机。”

根据官方提供的信息，这名劫机嫌疑人现年 31 岁，已在埃航工作 5 年，无犯罪记录。

瑞士警方称，嫌疑人劫机的目的是寻求在瑞士避难。不过，瑞士检方认为，嫌疑人不大可能获得避难身份，反而会面临高达 20 年监禁的牢狱之灾。

第三章　民航安检岗位常识

要想不出错，执行标准化

生命最可贵，安全第一位

不怕千日紧，就怕一时松

严细又认真，安全根基深

第一节　机场控制区

一、机场控制区的定义

机场控制区是根据安全保卫的需要，在机场内划定的进出受到限制的区域。机场控制区应当有严密的安全保卫措施，实行封闭式分区管理。从航空器维修区、货物存放区通向其他控制区的道口，应当采取相应的保安控制措施。

二、机场控制区的划分

根据安全保卫的需要，机场控制区划分为候机隔离区、行李分拣装卸区、航空器活动区和维修区、货物存放区等区域，并分别设置安全防护设施和明显标志。另外机场还应当设置受到非法干扰威胁的航空器隔离停放区。

候机隔离区是根据安全需要在候机楼（厅）内划定的供已经安全检查的出港旅客等待登机的区域及登机通道、摆渡车。一般还可分为国内、国际候机隔离区。

航空器活动区是机场内用于航空器起飞、着陆以及与此有关的地面活动区域，包括跑道、滑行道、联络道、客机坪。

【案例小知识】

民航资源网2012年7月3日消息：6月29日下午，由于一风筝“入侵”成都双流国际机场（简称“成都机场”）跑道净空空域，使原计划从西跑道（一跑道）起飞的8个出港航班只好从东跑道（二跑道）起飞，西跑道（一跑道）停用44分钟。为此，机场方面郑重提醒广大市民，遵守有关保障飞行安全的法律法规，不要在机场净空内放风筝。

据机场净空管理工作人员介绍，当日17：55分左右，净空管理人员发现西跑道北头西侧上空飘着一个风筝，目测风筝距离跑道道面高度约200米，和西跑道起飞的飞机爬升高度相近。由于这一严重安全隐患的出现，净空管理员立即向塔台和机场指挥室报告，塔台和指挥室立即发出停止使用西跑道的指令。

与此同时，机场净空管理工作人员根据对风筝位置和风向的判断，确定该风筝的地面端处于双流县东升镇接待寺社区区域内，并立即赶赴现场进行处置，在双流县东升镇接待寺社区警务室当日值班民警的大力协助下，最终在接待寺社区一个建筑仓库里发现了该风筝的地面端。这时，净空管理人员发现，"肇事"风筝是一个断线风筝，从外面飘过仓库时缠绕在了仓库堆放的机具上，估计是在净空区域放的风筝的主人在风筝断线后没有收回，而该风筝借助较强劲的风力，再度飞上天空翻舞，造成了这起意外"入侵"机场跑道净空空域"事件"。净空管理员抓紧登高爬树卷线，于18：37分成功将风筝回收。安全隐患消除后，18：39分，西跑道重新恢复常态使用。在处置期间，前往新加坡、河内、广州、西宁、乌鲁木齐、九寨沟等地的8个出港航班因风筝的干扰，被迫转到东跑道起飞。

第二节　民用航空器在地面的安全监护

一、民用航空器监护的含义

是指安检部门对短暂停留在客机坪的执行飞行任务的民用航空器进行监护。

二、民用航空器监护的职责

(1) 执行航班飞行任务的民用航空器在客机坪短暂停留期间，由安检部门负责监护。

(2) 民用航空器监护人员应当根据航班动态，按时进入监护岗位，做好对民用航空器监护的准备工作。

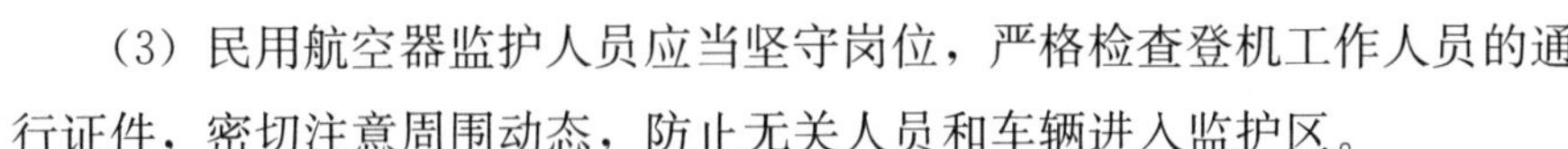

（3）民用航空器监护人员应当坚守岗位，严格检查登机工作人员的通行证件，密切注意周围动态，防止无关人员和车辆进入监护区。

（4）空勤人员登机时，民用航空器监护人员应当查验其《中国民航空勤登机证》。加入机组执行任务的非空勤人员，应当持有《中国民航公务乘机通行证》（加入机组证明信）和本人工作证（或学员证）。对上述人员携带的物品，应当查验是否经过安全检查，未经过安全检查的，不得带上民用航空器。

（5）旅客登机时，监护人员站在登机门或登机通道旁，维护登机旅客秩序。防止旅客在登机行进期间与外界人员接触或传递有碍航空安全的危险品，要检查旅客登机牌是否加盖验讫章，防止送行、无证等人员随旅客行列进入客机坪、接近或登上飞机。

（6）在出、过港民用航空器关闭舱门准备滑行时，监护人员应当退至安全线以外，记载飞机号和起飞时间后，方可撤离现场。

（7）民用航空器监护人员接受和移交航空器监护任务时应当与机务人员办理交接手续，填写记录，双方签字。

三、民用航空器监护的范围

以民用航空器为中心，周围 30 米区域。

通过航空保安审计，且在道口设置安检设备实施检查的机场，经民航局公安局批准，可实施区域守护。

四、民用航空器监护的时间规定

（1）对出港航空器的监护，从机务人员移交监护人员时起，至旅客登机后航空器滑行时止；对过港航空器的监护，从其到达客机坪时开始，至旅客登机后航空器滑行时止；对执行国际、地区及特殊管理的国内航线飞行任务的进港航空器的监护，从其到达机坪时开始，至旅客下机完毕移交机务人员为止。

（2）对当日首班出港航空器，监护人员应在起飞前 90 分钟与机务人员办理交接班手续后开始实施监护。

（3）对执行航班任务延误超 90 分钟的航空器，由安检部门交由机务人员管理，至确定起飞时间前60分钟由机务人员移交安检部门实施监护。

五、民用航空器监护的程序方法

1. 准备

（1）了解当天航班动态，通过离港系统向机场外场指挥部门、航空公司调度等单位及时了解航班变化情况，注意班次的增减、民用航空器的更改和起飞时间的变动。

（2）勤务安排应根据航班动态和本科、队人员情况，将各监护小组逐个安排勤务任务，明确指定航班和民用航空器。

（3）监护小组人员领取对讲机和登记本等用品，整理好着装，做好上岗准备工作。

2. 实施

监护小组在当天首次出港民用航空器起飞前90分钟进入监护位置。

（1）与机务人员办理交接手续后，到达舷梯口、廊桥口及货舱口实施监护。

（2）旅客登机前，对机组人员和地面登机人员的证件和携带行李进行检查（航行包除外）。

（3）对进出港民用航空器货舱进行监装、监卸。

（4）旅客登机时，站立梯口或廊桥口一侧，观察上客情况，禁止无关人员（包括地面工作人员）登上民用航空器。

（5）旅客登机完毕，舷梯撤离后，退出原监护位置至安全线以外。

（6）民用航空器起飞时，记载飞机号和起飞时间，监护人员撤离。

3. 结束

（1）当次航班监护任务完成后，监护人员应及时返回驻地，汇报监护情况，稍作休整准备下一次的监护工作。

（2）当天执勤结束后，监护值班领导清点所有装备，记录当天工作情况（重点情况随时记载）。

六、航空器监护的重点部位

舷梯口、廊桥口、货舱、起落架舱。

七、民用航空器监护的重点航班

（1）我国领导人、外国领导人或代表团及其他重要客人乘坐的班机。

（2）发现有重大可疑情况的民用航空器。

（3）上级通知重点监护的民用航空器。

八、民用航空器清舱的程序和重点部位

民用航空器客、货舱装载前的清舱工作一般由航空器经营人负责。必要时，经民航公安机关或安检部门批准，公安民警、安检人员可以进行清舱。

1. 民用航空器清舱的程序

（1）清查前，由监护小组组长布置任务，明确分工。

（2）清查时，应先对民用航空器外部进行观察和检查，对客舱的清查可分别从机头、机尾同时进行，至中部会合；也可以按从机头到机尾或从机尾到机头的顺序进行。对内部各部位的清查可按先低后高的顺序进行。

（3）清查结束，进入监护位置，直至民用航空器起飞。

2. 民用航空器清舱的重点部位

（1）卫生间。

（2）乘务员操作间的每个储存柜、配餐间、垃圾箱。

（3）旅客座位坐垫下和每个客舱的最后一排座椅背后。

（4）行李架。

（5）货舱。

（6）起落架舱。

九、民用航空器的保安搜查

发生以下情况时，机场公安机关和安检部门可对航空器进行保安搜查。

（1）航空器停场期间被非法接触。

（2）有合理理由怀疑该航空器在机场被放置违禁品或爆炸装置。

【案例小知识】

在广阔的停机坪上，总会看到一些人兢兢业业护送着一架架飞机迎风起航，风雨中又迎来一架架飞机安全落地。他们是那样的普通，穿着反光背心，站在机坪上，体会着这个岗位带来的辛苦和自豪。这就是航空安保部的飞机监护员。

安检监护员的工作场所位于机场露天野外和跑道旁边，工作环境长年高温、高寒、高噪音，耳边整日听到的是飞机发动机巨大的轰鸣声。冬天冷，旷野的风吹在脸上像刀子；夏日的机坪炙烤难耐，火辣的太阳肆无忌惮地烤着万物，机坪地面温度特别高。常人穿着凉鞋都觉得脚底烫，监护人员还要着长裤、胶鞋和反光背心，不一会儿后背就湿透了，这一站最少要 40 分钟。“地面温度还不算什么，飞机发动机产生的温度更高。”炎炎烈日把每位监护人员晒得黝黑。“战寒冬，斗酷暑”是这些监护人员的必修课，他们每天都必须默默地保障好一架架飞机的平安起落，由于这种特殊的工作性质让他们难以享受正常的假期，日日与飞机相伴。

平时旅客比较熟悉的是登机时的安检通道，检查旅客是否携带了危险物品，其实，安检工作中还包括航空器监护。航空器监护是机场航空安全保卫的一项重要内容，只要机坪停放有航空器，就必须安排专人对航空器进行监护，防止无关、无证人员、车辆接近航空器，及时发现并消除影响航空器安全的潜在隐患，确保航空器整体安全。

“每个靠近飞机的无关人员都在监察范围内，监护必须思想集中，监视一切‘无关人员’。哪怕冒着遭受人身攻击及武力威胁的情况，也要始终坚持原则，顾全大局，按照程序检查，把好最后一道安全关。”领导经常会告诫监护员们：牢固树立安全思想，才能确保每一架飞机平安起降，才能确保每一位乘客的安全。

监护人员的工作看似单调而乏味，他们每天最早到岗，不仅要时刻守在飞机旁边，还要面对恶劣天气造成的航班延误，有时需要通宵守护着停场的过夜飞机，但是这群年轻人一直坚持着这份对工作执着的信念，坚强地挑起保卫机场安全的重担，为实现机场梦和自己的梦想努力贡献着自己的力量，在广袤无垠的天地中做保护飞机的“无名英雄”。

第三节 候机隔离区的安全监控

一、候机隔离区安全监控的任务与目的

候机隔离区安全监控采取封闭式管理，并对候机隔离区内所有人员及物品的安全实施管控，防止未经检查的人与已检查过的人员相互混淆或接触、防止外界人员向内传递物品、防止藏匿不法分子和危险物品，保证旅客、工作人员和隔离区的绝对安全。

二、候机隔离区安全监控的程序

(1) 经过安全检查的旅客进入候机隔离区以前，安检部门应当对候机隔离区各部位进行清场。

(2) 清场完毕后，按分工把守隔离区工作人员通道口，检查出入人员。

(3) 安检部门应当派员在候机隔离区安排巡视，并对隔离区重点部位进行实时监控。

三、候机隔离区出入口的管控

(1) 因工作需要进入控制区的人员，必须佩带民航公安机关制发的机场控制区通行证件，并接受安全技术检查。

(2) 工作人员携带行李物品进入控制区必须经过安全技术检查，防止未经安全技术检查的行李物品进入候机隔离区。

(3) 航站区控制区内的商店不得出售可能危害航空安全的商品，商店运进商品应当经过安全技术检查。

(4) 经过安全技术检查的旅客应当在候机厅隔离区内等待登机，如因航班延误或其他特殊情况离开控制区的，再次进入控制区时应当重新接受安全技术检查。

（5）安检人员对工作人员携带进入候机区的工具、物料和器材实施安全技术检查，并进行核对登记。工具、物料和器材使用单位应当明确专人负责该器材在机场控制区内的监管。

四、候机楼隔离区清场

1. 候机隔离区清场的任务

查找隔离区有无可疑物品和可疑人员，并确定物品的性质和威胁程度，及时通知有关部门排除危险，保证安全。

2. 候机隔离区清场的方法

（1）仪器清查。

①金属探测器清查。主要是利用金属探测器清查监控区域内有无隐藏武器等金属性违禁物品。

②钟控定时装置探测器清查。利用钟控定时装置探测器清查监控区内有无隐藏钟控定时爆炸装置。

③监控设备清查。通过遥控监控区内的监控探头，搜索有无可疑人员及可疑物品滞留在监控区内。

（2）人工清查。

看：对被清查的区域、对象进行观察。

听：进入清查区域后，关上门窗，静听有无类似闹钟的“嘀嗒”声或其他声响。

摸：对通过外观看不清的固定物体、设施，用手摸，检查有无隐藏物品。

探：对既无法透视，又不能用仪器检查的部位和物品，可用探针检查。

开：对清查区域内的箱柜、设施要打开、移开检查。如候机室内的各种柜台等要移开检查。

3. 候机隔离区清场的重点部位

卫生间、电话间、吸烟室、各种柜台、垃圾桶、窗台、窗帘、窗帘盒、座椅。

五、候机隔离区安全监控的注意事项

（1）注意发现形迹可疑及频繁进出隔离区的人员。

（2）在旅客候机期间，应加强对控制区重点部位进行清场，注意发现有无遗留旅客和可疑人员及其物品。

【案例小知识】

某日上午，一位女性精神病人突然硬闯入白云机场超大行李安检口，并胡言乱语扬言要搭乘飞机往美国探亲，被安检人员拦截后，赖在安检口撒泼发难，闻讯而来的公安人员将其带离现场做进一步处理。详情如下：

上午约 11 时 35 分，在白云机场西二安检口外溜达的一名年轻女子，伺机闯入安检通道，幸被一直留意其行踪的安检护卫人员阻拦，年轻女子称自己是送人的。在安检人员严密监管下，该女子见无机可乘突然登上一辆送客的电瓶车赖着不下来，要工作人员送其去乘坐国际航班。被拒绝后她疾步向国际航班值机柜台区域走过去，路过国际超大行李托运安检口时，突然强行推开安检人员冲了进去，坐在凳子上便不离开，安检护卫人员及时赶到，责令其离开安检现场，她只是“呵呵”回应。试图与其沟通，却发现她神志不清，前言不搭后语，语无伦次，声称要乘坐飞机前往美国找亲戚，赖在安检口不肯离开，撒泼发难，影响了安检正常工作秩序。

安检护卫人员一边与女子交谈稳住其情绪，一边呈报航站楼公安，闻讯赶来的公安人员确认女子精神失常，遂将其带离现场，一路“护送”到派出所作进一步处理。

第四节　安检各岗位的工作职责

一、基础岗位职责

基础岗位包括待检区维序检查岗位、前传检查员岗位。其职责是：

（1）维持待检区秩序并通知旅客准备好身份证件、客票和登机牌。

（2）开展调查研究工作。

（3）在X射线机传送带上正确摆放行李物品。

二、验证检查岗位职责

（1）负责对乘机旅客的有效身份证件、客票和登机牌进行核查，识别涂改、伪造、冒名顶替以及其他无效证件。

（2）开展调查研究工作。

（3）协助执法部门查控在控人员。

三、人身检查岗位职责

人身检查岗位包括引导和安全门检查两个具体岗位，其职责是：

（1）引导旅客有秩序地通过安全门。

（2）检查旅客放入托盘中的物品。

（3）对旅客人身进行仪器或手工检查。

（4）准确识别并根据有关规定正确处理违禁物品。

四、X射线机操作岗位职责

（1）按操作规程正确使用X射线机。

（2）观察辨别X射线机显示屏上受检行李（货物、邮件）图像中的物品形状、种类，发现、辨认违禁物品或可疑图像。

（3）将需要开箱（包）检查的行李（货物、邮件）及重点检查部位准确无误地通知开箱（包）检查员。

五、开箱（包）检查员岗位职责

（1）对旅客行李（货物、邮件）实施开箱（包）手工检查。

（2）准确辨认和按照有关规定正确处理违禁物品和危险品。

（3）开具暂存或移交物品单据。

第四章　证件检查

检查走马观花，事故遍地开花

安全创造幸福，疏忽带来痛苦

安全来自警惕，事故出于麻痹

走过春夏秋冬，安全永驻心中

第一节　第二代居民身份证的识别

证件检查是安检工作中非常重要的一环，目前，各种假证层出不穷，掌握各种证件的识别方法是安检人员必须具备的技能之一，因此，对乘机的各种证件进行识别，是安检员必备的一项技能。2003 年 6 月 28 日，第十届人民代表大会常务委员会第三次会议审议通过《中华人民共和国居民身份证法》；同日，中华人民共和国主席令第四号公布；2004 年 1 月 1 日起施行。2004 年 3 月 29 日起上海市、浙江省湖州市和广东省深圳市作为第一批试点城市开始换发第二代居民身份证。

一、第二代居民身份证的式样

第二代居民身份证采用专用非接触式集成电路芯片制成卡式证件，规格为 85.6 mm×54 mm×1.0 mm（长×宽×厚）。“万里长城”为背影图案的主标志物，代表中华人民共和国长治久安，远山的背景增强了长城图案的纵深感，图案以点线构成。国徽庄严醒目，配以“中华人民共和国居民身份证”名称，明确表达了主题。证件清新、淡雅、淳朴、大方。

证件正面印有：中华人民共和国居民身份证的证件名称，采用彩虹扭索花纹（也称底纹），颜色从浅蓝色至浅粉红色再至浅蓝色的顺序排列，颜色衔接处相互融合，自然过渡。“国徽”图案在证件正面左上方突出位置，颜色为红色；证件名称分两行排列于“国徽”图案右侧证件上方位置；以点划线构成的浅蓝灰色写意“长城”图案位于国徽和证件名称下方证件版面中心偏下位置。有效期限和签发机关两个项目位于证件下方，如图 4-1。

图 4－1

证件背面印有：与正面相同底彩虹扭索花纹，颜色与正面相同；姓名、性别、民族、出生日期、常住户口所在地住址、公民身份号码和本人相片七个项目及持证人相关信息；定向光变色的“长城”图案位于性别项目的位置，光变光存储的“中国 CHINA”字符位于相片与公民身份号码项目之间的位置，如图 4－2。

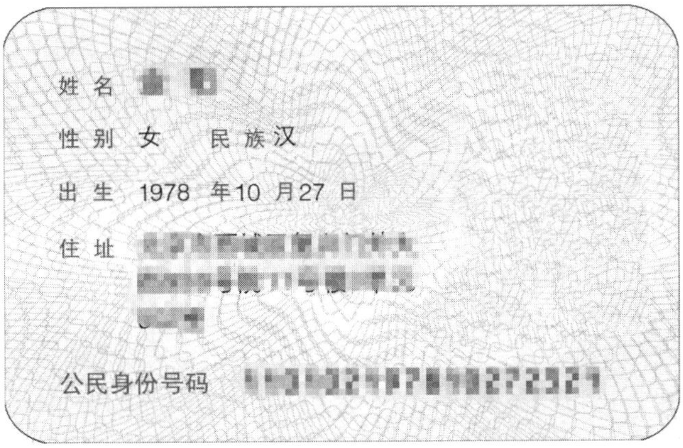

姓名
性别　女　民族　汉
出生　1978 年 10 月 27 日
住址
公民身份号码

图 4－2

证件采用汉字与少数民族文字。根据少数民族文字书写特点，采用少数民族文字的证件有两种排版格式。一种是同时使用汉字和蒙文的证件，蒙文在前，汉字在后，如图 4－3。

中华人民共和国

居民身份证

签发机关　巴林右旗公安局

有效期限　2004.10.27－2024.10.26

姓　名　苏龙格德·

性　别　男　民　族　蒙古

出　生　1973 年 10 月 27 日

住　址　内蒙古赤峰市巴

公民身份号码　2511

图 4－3

另一种是同时使用汉字和其他少数民族文字（如藏、壮、维、朝鲜文等）的排版格式，少数民族文字在上，汉字在下，如图 4－4。

图 4－4

二、第二代居民身份证编排规则

18 位编码的第二代居民身份证，1—6 位为行政区划代码，行政区划代码只表示公民第一次申领户口所在地；7—14 位为出生日期代码；15—17 位为分配顺序代码，奇数分配给男性，偶数分配给女性。查验或核查时，应注意核对持证人证件编号和性别的对应关系是否符合男女性分配顺序码分别为奇偶数的规律；第 18 位为识别码或校验码。居民身份证编号为持证人终生编号。临时身份证编号与居民身份证编号是一致的，如表4－1。

表 4—1　身份证编码规则

<table>
<tr><td colspan="6">行政区划码</td><td colspan="8">出生日期码</td><td colspan="3">顺序码</td><td>校验码</td></tr>
<tr><td>○</td><td>○</td><td>○</td><td>○</td><td>○</td><td>○</td><td>○</td><td>○</td><td>○</td><td>○</td><td>○</td><td>○</td><td>○</td><td>○</td><td>○</td><td>○</td><td>○</td><td>○</td></tr>
<tr><td colspan="2">省</td><td colspan="2">市</td><td colspan="2">区县</td><td colspan="4">年</td><td colspan="2">月</td><td colspan="2">日</td><td colspan="3">奇数为男性，偶数为女性</td><td>0—9、X</td></tr>
</table>

此外，身份证的核发有效期与持证人年龄之间一般也存在一定关系，如表 4—2。

表 4—2　身份证有效期与持证人年龄的关系

年龄段	0—15 岁	16—25 岁	26—45 岁	45 岁以上
证件有效期	5 年	10 年	20 年	长期

三、临时身份证

临时身份证为单页卡式，规格、登记项目均与一代居民身份证相同。临时身份证的有效期限为 3 个月和一年两种。应申领居民身份证而尚未领到证件的人和居民身份证丢失、损坏未补领到证件的人，发给有效期为 3 个月的证件；16 周岁以上常住人口待定人员发给有效期为一年的证件。有效期为“3 个月”的，使用阿拉伯数字填写；有效期为“一年”的，使用汉字填写。

四、实施操作

第一步：证件检查的准备工作。

（1）验证员按时到达现场，做好工作前的准备，并办理交、接班手续。

（2）验证员到达验证岗位后，将安检验讫章放在验证台相应的位置进入待检状态，查看二代身份证阅读机是否正常工作；检查安检信息系统是否处于正常工作状态，并输入 ID 号进入待检状态。

第二步：证件检查的程序。

（1）人、证对照。验证检查员接证件时，就要注意观察持证人的“五官”特征，再看证件上的照片与持证人“五官”是否相符。

（2）核对“三证”。一是核对证件上的姓名与机票上的姓名是否一致；二是核对机票是否有效，有无涂改痕迹；三是核对登机牌所注航班是否与机票一致；四是查看证件是否有效，同时查对持证人是否是查控对象。

（3）扫描旅客的登机牌，自动采集并存储旅客相关信息，同时查对持证人是否为查控对象。对旅客登机牌上的条码进行扫描，读取旅客信息；如果验证系统未录入旅客信息，则采用手工输入方式录入。

（4）查验无误后，按规定在登机牌上加盖验讫章放行。

第三步：处理过期身份证件。

如果在核对证件中发现旅客所持居民身份证件过期六个月以内的，可予以放行；超过六个月的，不予放行；旅客所持临时居民身份证过期，十五天以内需经站内值班领导批准放行，超过十五天的不予放行。

第四步：处理查控对象。

检查中发现查控对象时，应根据不同的查控要求，采取不同的处理方法。

发现被通缉的犯罪嫌疑人时，要沉着冷静、不露声色、待其进入安检区后，按预定方案处置，同时报告值班领导，尽快与布控单位取得联系。将嫌疑人移交布控单位时，要做好登记，填写移交清单并双方签字。对同名同姓的旅客在没有十分把握的情况下交公安机关处理。

第五步：办理交接班手续。

根据工作过程中出现的问题记录当天工作情况及仪器使用情况，做好交接班手续。强调安检人员在位情况；小结当天执勤情况；对下一班勤务提出具体要求；对工作中发生的问题应及时上报。

【案例小知识】

某日，民航某机场公安局与H省S市警方正式移交一名潜逃十年的杀人案件嫌疑犯。机场民警的细致与负责，揭开了这名犯罪嫌疑人内心隐藏十年之久的秘密……

当日20：50分，机场公安局航站楼派出所值班民警王某、史某、陈某接到机场安检移交一名涉嫌冒用居民身份证的年轻男子，遂依法对该男子进行审查。在审查过程中，该男子声称自己身份证丢失，借用同事的身

份证乘坐飞机。但当民警询问其真实身份时，该男子随口说出一个身份信息，经公安信息网比对明显与本人长相不符，且不能详述身份信息的其他内容。此时，该男子也显得异常紧张。见状，值班警队长王警长根据日常办案经验，分析到该男子身上很可能背负有其他案件，遂将该男子带至机场公安局办案区做进一步审查。起初，该男子拒不配合，或者东拉西扯，或者闭口不答。在民警的耐心工作下，他供述自己姓名叫张某某，是H省人，并提到了自己十多年前和自己一个同学张某“犯过事”，张某被判了十几年刑期，但并不愿说明详细情况。细心的王警长立即在公安信息网上的违法犯罪人员信息库中对张某进行查询，果然找到了张某的违法犯罪信息：2005年4月5日在H省S市，伙同于某某、张某某将袁某用尖刀和棒子打死。而此犯罪信息中的张某某，就是民警眼前这位稚气未脱的年轻男孩。民警经过努力，与张某某的父亲取得联系，证实了张某某的身份，也得知了其父已因他多年不知去向为由在公安机关注销了他的户籍信息，所以公安信息网上也无张某某的任何信息。

经与S市警方联系证实，2005年4月5日晚19时许，在H省S市某小区发生一起杀人案件：在该市经营“上海滩”和“中华园”两家大酒店的业主袁某被3名男子持锐器和钝器杀死。通过当地警方的侦查，2005年5月4日晚，侦查人员已分别在S市及Y市将其他六名涉案人员抓获，其中包括直接行凶的于某某、张某，唯独犯罪嫌疑人张某某在逃。至此，在铁的证据和民警几个小时说服教育和有针对性的工作后，张某某的心理防线终于被攻破，向办案民警说出了憋在他心底十年的秘密，原来，他就是逃亡十年的杀人犯罪嫌疑人张某某。

目前，机场公安局已与H省警方办理完案犯张某某的交接手续，将此案移交H省警方进一步审理。

第二节　机场控制区证件的识别

一、全民航统一制作的证件

1. 空勤登机证（如图 4－5）

图 4－5

空勤登机证适用于全国各民用机场控制区（含军民合用机场的民用部分）。

空勤人员执行飞行任务时，须着空勤制服（因工作需要着其他服装的除外），佩带空勤登机证，经过安全检查进入候机隔离区或登机。因临时租用的飞机或借调人员等原因，空勤人员须登上与其登机证适用范围不同的其他航空公司飞机时，机长应主动告知飞机监护人员。

2. 公务乘机通行证（如图 4—6）

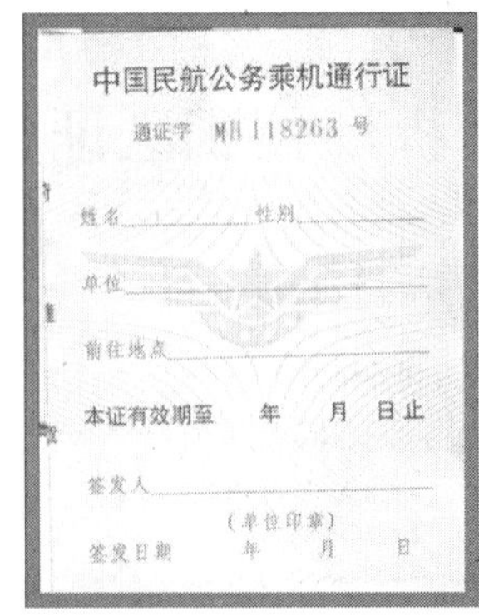

中国民航公务乘机通行证

通证字 MH118263 号

姓名＿＿＿＿性别＿＿＿＿

单位＿＿＿＿

前往地点＿＿＿＿

本证有效期至 年 月 日止

签发人＿＿＿＿

（单位印章）

签发日期 年 月 日

图 4—6

全称中国民航公务乘机通行证，1998 年 3 月 1 日启用，由民航总局公安局统一制作，总局、地区管理局、飞行学院公安局及航空公司保卫部门负责签发。执行飞行、安全监察、安全保卫、身体检测、航线实习等任务的人员可办理通行证。通行证上有姓名、性别、单位、前往地点、有效期、签发人、签发日期等项目，填写须用蓝黑、碳素墨水，不得涂改，“骑缝章”和“单位印章”处加盖签发机关印章。通行证“有效期”一般为 7 天，最长不超过 1 个月，“前往地”栏最多只能填写 4 个（总局公安局除外）。

通行证只限在证件“前往地”栏内填写的机场适用。持证人应经安全检查进入机场控制区；随机执行公务的，应办理加机组手续。持证人经过安检时，应将通行证与工作证同时交验。

3. 航空安全员执照（如图 4—7）

图 4—7

航空安全员执照由民航总局公安局统一制发，只适用于专职航空安全员，适用范围与空勤登机证相同。

4. 特别工作证（如图 4—8）

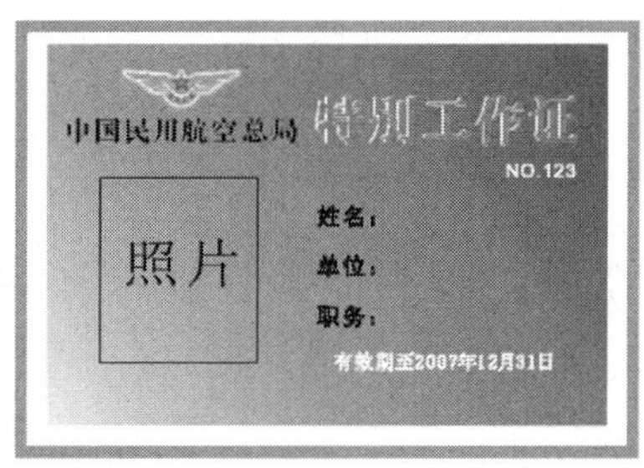

图 4—8

全称中国民用航空总局特别工作证。由民航总局公安局制发和管理。特别工作证持有者可免检进入全国各民用机场控制区、隔离区或登机（不代替机票乘机）检查工作。进入上述区域时，要主动出示证件。

二、民航各机场制作的证件

这类证件是根据管理的需要，由所在机场制发的有不同用途和使用范围的证件。从时限上可分为长期、临时和一次性证件；从使用范围上可分为通用、客机坪、候机楼隔离区、国际联检区等区域性证件；从使用人员上可划分为民航工作人员、联检单位工作人员和外部人员等。

这些证件不论怎样划分，在外观颜色上、规格上可能各有区别，但其内容各要素不会有大的区别，如图 4—9。

图 4—9

1. 民航工作人员通行证

这是发给民航内部工作人员因工作需要进出某些控制区域的通行凭证，由所在机场统一制发和管理，证件外观式样、颜色不尽相同，但必须具备以下项目：机场名称（某某机场字样）、持证人照片、单位、职务、姓名、有效期限、签发机关（盖章）、允许通行（到达）的区域等。证件背面应有说明。

允许通行和到达的区域一般分为候机隔离区（有的分国际和国内两部分）、客机坪、联检厅、登机口等。

2. 联检单位人员通行证

此证适用于对外开放的有国际航班的机场，主要发给在机场工作的联检单位的有关工作人员，这些单位一般是：海关、公安边防、卫生检疫、动植物检疫、口岸办、出入境管理部门等。

此证由所在机场制发和管理，其使用范围一般只限于与其持证人工作相关的区域。证件的外观式样与项目内容各机场不尽相同，内容要素与前面所讲“工作人员通行证”相同。

3. 外部人员通行证

使用人员为因工作需要进入机场有关区域的民航以外的有关单位的工作人员。这类证件又分为“专用”和“临时”两种，专用证有持证人照片，临时证无持证人照片，专用证的登记项目内容与前面所说证件相同。临时证则没有那么多内容，但必须有允许到达的区域标记，此证一般与本人身份证同时使用。持外部人员通行证者，必须经安全检查后方可进入隔离区、客机坪。

4. 专机工作证

专机工作证由民航公安机关制发。专机工作证一般为一次性有效证件。发给与本次专机任务有关的领导、警卫、服务员等有关工作人员。凭专机工作证可免检进入本次专机任务相关的工作区域。

专机工作证的式样、颜色不一，但应具备以下基本内容和要素：“专机工作证”字样、专机任务的代号、证件编号、颁发单位印章、有效日期等。专机工作证的颜色应明显区分于本机场其他通行证件的颜色，以便于警卫人员识别。

5. 包机工作证

包机工作证由民航公安机关制发和管理。发给与航空公司包机业务有关的人员，持证人凭证可进入包机工作相关的区域。证件内容根据使用时间长短而定，短期的应贴有持证人照片，一次性的可免贴照片。

三、其他人员通行证件

1. 押运证

押运证有多种式样和形式，此证主要适用于有押运任务的单位和负责押运任务的工作人员。

担负机要文件、包机和特殊货物任务的押运人员，在飞机到达站或中途站时，可凭押运证在客机坪监卸和看管所押运的货物。

2. 军事运输通行证

以有军事运输任务的机场公安机关颁发的证件为准，使用人员为与军事运输工作相关的人员，可凭证到达与军事运输相关的区域。此证应注明持证人单位、姓名、有效期限并加盖签发单位印章。

3. 侦察证

侦察证全称为中华人民共和国国家安全部侦察证，由国家安全部统一制作、签发，全国通用。侦察证式样为：封面为红色，上部印有由盾牌、五角星、短剑及“国家安全”字样组成的徽章图案，下部印有“中华人民共和国国家安全部侦察证”字样；封二印有持证人照片、姓名、性别、职务、单位、签发机关、国家安全部印章、编号；封三印有持证者依法可以行使的职权。

国家安全机关的工作人员，因工作需要进出当地机场隔离区、停机坪时，凭机场通行证件通行。在外地执行任务时凭省、自治区、直辖市国家安全机关介绍信（国家安全部机关凭局级单位介绍信）和侦察证进入上述区域。

国家安全机关的工作人员持侦察证乘机执行任务时，机场安检部门按正常安检程序对其实施安全检查。

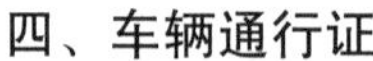

四、车辆通行证

凡进入机场控制区的车辆都必须持有专用的通行证件。车辆通行证件式样各机场不尽相同，但一般应具备以下基本内容和要素：车辆所属单位、车辆的牌号、车型、允许到达的区域、有效期限、签发单位等。

五、实施操作

第一步：检查机场控制区通行证件。

(1) 查看证件外观式样、规格、塑封、印刷、照片是否与规定相符，是否有效。

(2) 检查持证人与证件照片是否一致，根据五官外貌特征确定是否为持证人本人。

(3) 查看持证人到达区域是否与证件限定范围相符。

(4) 查看证件的有效期以及证件的通行范围是否能达到该区域。

以上如有可疑，可向证件所注明的使用单位或持证人本人核实清楚，并请示值班领导。如是本人且证件有效，则放行；如不是本人，则稳住嫌疑人并移交值班领导处理。

第二步：检查工作人员证件。

(1) 查看证件外观式样、规格、塑封、印刷、照片是否与规定相符，是否有效。

(2) 检查持证人与证件照片是否一致，查看持证人的五官特征是否和照片一致。

(3) 检查持证人证件的适用区域和权限。

(4) 检查完毕，将证件交还持证人。

经查验无误的予以放行，不符合的拒绝进入。

第三步：查验机组人员证件。

(1) 查验机组人员空勤登机证，查看真伪，做到认证对照。

(2) 对加入机组的人员应查验其中国民航公务乘机通行证或加入机组证明信、有效身份证件。

第四步：检查一次性证件。

当持有一次性证件的持证人进入控制区相关区域时，验证员应检查其通行区域、权限和日期。验证员在其所持一次性证件相关区域字母上使用打孔器打孔，进入一个区域打一个孔。一次性证件只限在所属航站楼内使用，禁止跨航站楼使用。具体办法按各机场有关规定执行。

第三节　其他乘机证件的识别

一、护照

1．护照的种类

各国颁发的护照种类不尽相同（如图 4－10）。我国的护照分为外交护照、公务护照和普通护照；普通护照又分因公普通护照和因私普通护照。外交护照主要发给副部长、副省长级及以上的中国政府官员，党、政、军等重要代表团正、副团长以及外交官员、领事官员及其随行配偶、未成年子女、外交信使等。公务护照主要发给中国各级政府部门的工作人员、中国驻外国的外交代表机关、领事机关和驻联合国组织系统及其有关专门机构的工作人员、随行配偶、未成年子女等。因公普通护照主要发给中国国有企业、事业单位出国从事经济、贸易、文化、体育、卫生、科学技术交流等公务活动的人员、公派留学、进修人员、访问学者及公派出国从事劳务的人员等。因私普通护照发给定居、探亲、访友、继承遗产、自费留学、就业、旅游和其他因私人事务出国和定居国外的中国公民。

2．护照的内容

主要包括姓名、出生地、性别、发照日期、有效期等，护照均应贴有持照人的照片。

3．护照的有效期限

各国规定的有效期限不同。我国的外交护照有效期为五年。公务护照和因公普通护照分为一次有效和多次有效两类。多次有效护照的有效期为

五年，发给在一定时期内需要多次出入我国国境的人员；一次有效护照的有效期为两年，发给在一定时期内一次出入我国国境的人员。一次有效因公普通护照和一次有效公务护照满两年后，如有需要，可在国（境）外按规定手续申请延期一次。延长期限根据需要而定，但最长不得超过两年。一次有效因公普通护照的标志是护照的扉页在护照号码前有“y”字样；在第 4 页上方有“……持照人在护照有效期内可进入中国国境一次”字样。我国因私普通护照有效期为五年。护照有效期满前，可申请延期至多两次，每次不超过五年。在国内延期手续可到各级颁发护照的机关办理；在国外，由中国驻外国的外交代表机关、领事机关或者外交部授权的其他驻外机关办理。

图 4－10

二、其他有效乘机证件的式样

1. 中国人民解放军军官证

外套为红色人造革，封面正上方印有烫金的五角星，五角星下方为“中国人民解放军军官证”烫金字样，最下方印有“中华人民共和国中央军事委员会”字样。

军官证内芯登记项目为：照片、编号、发证机关、发证时间、姓名、出生年月、性别、籍贯、民族、部别、职务、军衔等内容。

2. 中国人民武装警察部队警官证

外套为深蓝色人造革，证件上方正中为烫金的警徽，警徽下为烫金的“中国人民武装警察部队警官证”字样，最下方是烫金的“中华人民共和国中央军事委员会”字样。

警官证内芯内容除增加了“有效期”和改“军衔”为“衔级”外，其他内容和填写要求等都与军官证相同。

3. 中国人民解放军士兵证

外套为油绿色人造革，证件上方正中为烫金五角星，在五角星下方有烫金的“中国人民解放军士兵证”字样，最下方为烫金的“中华人民共和国中央军事委员会”字样。

证件内芯填写持证人姓名、性别、民族、籍贯、入伍年月、年龄、部别、职务、军衔、发证机关、发证日期及证件编号（一律用阿拉伯数字填写），贴持证人近期着军衔服装的一寸正面免冠照片，加盖团以上单位代号钢印。

4. 中国人民武装警察部队士兵证

外套为红色人造革，证件中央正上方为烫金的警徽，警徽下为烫金的“士兵证”字样，最下方为烫金的“中国人民武装警察部队”字样。

其内芯各登记项目与解放军的士兵证的内容相同。

5. 中国人民解放军文职干部证

外套为红色人造革，正上方为烫金的五角星，下方为烫金的“中国人民解放军文职干部证”字样，最下方为烫金的“中华人民共和国中央军事委员会”的字样。

证件内芯登记项目为：照片、编号、发证时间、姓名、出生年月、性别、籍贯、民族、部别、职务、备注等内容

6. 离休荣誉证

外套为红色人造革，正中上方为烫金的“中国人民解放军离休干部荣誉证”字样，下方为烫金的五角星，最下方有烫金的“中华人民共和国中央军事委员会”的字样。

证件内芯登记项目为：编号、发证日期、姓名、性别、民族、籍贯、出生年月、入伍（参加革命工作）时间、原部职别、离休时军衔、专业技术等级、现职级待遇、批准离休单位、批准离休时间、安置单位等。

7. 军官退休证

外套为红色人造革，正上方正中为烫金的“中国人民解放军军官退休证”字样，下方为烫金的五角星，最下方为烫金的“中华人民共和国中央

军事委员会”字样。

证件内芯登记项目为：照片、编号、发证日期、姓名、性别、民族、出生年月、籍贯、参加工作时间、入伍时间、原部职别、原军衔。专业技术等级、批准退休单位、批准退休时间、安置单位等项目。

8. 中国人民解放军职工工作证

封面为红色人造革，正上方有烫金的五角星，下方为烫金的“职工工作证”字样。

证件内芯登记项目为：照片、编号、发证机关、发证时间、姓名、籍贯、性别、出生年月、民族、工作单位、职务、身份证号等。

9. 学员证

学员证由各大院校制发，外观规格式样不尽相同，但其证件的内容、登记项目应具备的要素为：照片、发证机关、编号、发证时间、学制年限、姓名、性别、民族、籍贯、出生年月、队别、专业，除此之外，还有各学年和各学期的注册登记，并有假期火车优待区间等登记项目，证件最后一页为备注栏。

三、实施操作

第一步：证件检查的实施。

（1）检查中要注意看证件上的有关项目是否有涂改的痕迹。

（2）检查中要注意是否存在冒名顶替的情况，注意观察持证人的外貌特征是否与证件上的照片相符。如果发现可疑情况，应对持证人仔细查问。

（3）在证件核对中注意观察旅客穿戴有无异常，如戴墨镜、围巾、口罩、帽子等有碍辨别的着装，如有异常应请其摘下，以便于准确核对。

（4）在核对证件时要熟记查控对象的外貌特征，验证中要注意发现通缉、查控对象。

（5）验证中发现疑点时，要慎重处理，及时报告。

（6）注意工作秩序，集中精力，防止漏验证件或漏盖验讫章。

第二步：识别涂改证件。

在检查证件中要注意查看证件上的姓名、性别、年龄、签发日期等项目是否有涂改的痕迹。涂改过的证件笔画粗糙、字迹不清。查看纸张是否变薄，证件上是否有损害的痕迹。查看 18 位身份证编码倒数第二位是否符合奇数分配给男性、偶数分配给女性的原则。

第三步：识别伪造、变造证件。

(1) 检查中要注意甄别证件的真伪，认真检查证件的外观式样、规格、塑封、印刷和照片等主要识别特征是否与规定相符，有无变造、伪造的疑点。查看证件规格是否统一，图案、防伪标记是否齐全清晰。而假证规格不一，手感较差，图案模糊不清，暗记不全。

(2) 检查真证内芯是否纸质优良、字迹规范、文字与纸张一体。而假证一般内芯纸张质地粗糙、笔画潦草、字迹不清、排列不齐，文字凸现纸上。二代身份证正反两面的花纹清晰，表面有摩擦力，表面为亚光，手感较硬，正面图案有微缩字符“JMSFZ”；假证花纹模糊，表面光滑，反光明显，手感比较软。

第四步：识别冒名顶替证件。

检查中要注意查处冒名顶替的情况。要先看人后看证，注意观察持证人的外貌特征是否与证件上的照片相符，主要观察其五官的轮廓、分布，如耳朵的轮廓、大小，眼睛的距离和大小形状，嘴唇的厚薄和形状，以及面型轮廓，主要是颧骨及下颌骨的轮廓等。发现有可疑情况，应对持证人仔细查问，弄清情况。一旦发现异常应立即报告值班领导做好登记，并移交机场公安机关审查处理。

第五步：扫描登机牌盖章。

(1) 验证员在核对旅客的身份证件、客票和登机牌无误后，在登机牌正联、附联分别盖验讫章，并做到印迹清楚，不漏盖、错盖。在登机口发现旅客无登机牌或登机牌未盖安检验讫章，不准登机，并立即报告安检部门值班领导处理。

(2) 对按规定免检的人员，应在核对其免检介绍信、身份证件、客票和登机牌无误后，在其登机牌正联、附联各盖免检章；对随行的非免检人员按规定检查后盖验讫章。安检业务用章丢失或被盗，应当立即报告值班领导。

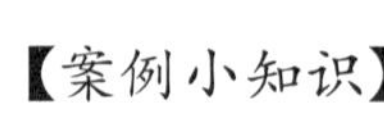

【案例小知识】

表弟癌症病故，表哥冒用其护照欲偷渡至意大利

某日凌晨，上海机场边检站通过人相识别系统等高科技手段查获了这起罕见的冒用证件偷渡案。

当日晚间23时20分左右，一名浙江籍旅客到上海机场边检站办理上海至米兰的出境边检手续。检查员于警官发现，该旅客的相貌虽与证件资料页照片相似，但某些关键特征又略有差异。职业敏感让于警官产生了怀疑，于是在查验了证件真实性及有效性后请旅客做了面相采集。人相识别系统显示，该旅客无法通过与照片之间的同一比对。

最后，边检机关通过"人口信息管理系统"调阅了护照持有人的身份信息。让所有人感到意外的是，相关资料显示该护照持有人身份信息已被注销，而原因竟是"死亡"。

面对事实，该旅客承认了自己持用其表弟的证件，欲偷渡前往意大利的违法事实，而其表弟则早在一年前因罹患癌症病故。

第四节　机场联检单位

一、公安边防

公安边防检查部门是国家设在对外开放口岸以及特许的进出境口岸的入出境检查管理部门。其任务是维护国家主权、安全和社会秩序，发展国际交往，对一切入出境人员的护照、证件和交通工具实施边防检查和管理，实施口岸查控，防止非法入出境。

1. 抵、离口岸的入出境检查

公安边防检查部门依据《中华人民共和国出入境边防检查条例》代表国家行使入出境管理。对外国人、港澳同胞、台湾同胞、海外华侨、中国公民因公、因私入出境进行严格的证件检查。

2. 拒绝、阻止入出境

《中华人民共和国外国人入出境管理法》《中国公民出入境管理法》规定了拒绝外国人和中国公民出入境的几种情形：对未持有有效护照、证件或签证；持伪造、涂改或他人护照、证件的；拒绝接受查验证件的；公安部门或国家安全部通知不准入出境的，边防部门有权阻止其入出境。

3. 交通运输工具的检查

设在我国对外开放的国际机场、港口的公安边防检查部门分别对国际航空器、国际航行船舶等运输工具实施边防检查。包括办理中外籍交通运输工具的入出境手续；查封、启封外国交通运输工具所携带的枪支、弹药；查验入出境人员的护照证件；办理入出境或注销加注手续；签发和收缴有关证件。

【案例小知识】

2014 年 2 月 11 日，某机场边检部门查获一名持用其机场通行证逃避边防检查出境的某航空食品有限公司工作人员。

当日，机场边检站民警在东航一航班登机口进行核查时，发现旅客杨某登机牌及护照上均无当日边检民警加盖的出境边防检查验讫章印。经与边检指挥台联系确认当事人并无当日这一航班出境记录，遂将此人移交边检审查队做进一步调查。审查队确认当事人真实身份为某航空食品有限公司工作人员，并从调阅监控录像发现，当事人系持用机场工作人员通行证从工作人员通道前往登机口登机。

据当事人交代，由于其受朋友所托，前往机场免税店购买免税品，当日其在东航柜台持用本人护照办理了航班登机牌后，即持用本人的上海机场通行证从浦东机场 T1 航站楼工作人员通道（安检护卫口）进入口岸限定区域。在进入出境边防检查大厅后，当事人并未持用本人的护照和登机牌从旅客通道办理出境边检手续，而是继续持用机场通行证从工作人员通道（边防检查口）通过，并经过安检工作人员通道最终到达候机大厅。

在机场内的免税店购买完免税品后，当事人来到 T1 航站楼 23 号登机口等待登机。在此过程中，当事人所持用的上海机场通行证一直随身佩戴，直到准备登机前才取下放入自己随身小包内。随后，当事人持本人事

先办理的航班登机牌和其本人护照登乘该航班时在登机口被查获。

边检部门表示，当事人行为已构成逃避边防检查，违反了《中华人民共和国出境入境管理法》，上海机场边检站依法对当事人处以罚款人民币5000元并收缴其机场通行证的行政处罚决定。

二、海关

海关，是对出入国境的一切商品和物品进行监督、检查并照章征收关税的国家机关。它根据国家法令，对进出国境的货物、邮递物品、旅客行李、货币、金银、证券和运输工具等实行监管检查、征收关税、编制海关统计并查禁走私等任务。

1. 进出境货物的管理

进口货物自进境起到办结海关手续止，出口货物自向海关申报起到出境止；过境、转运和通过货物自进境起到出境止，都应当接受海关检查。

2. 进出境运输工具的管理

进出境运输工具到达或者驶离设立海关的地点时，运输工具负责人应当向海关如实申报，交验单证，接受海关监管和检查。停留在设立海关地点的进出境运输工具，未经海关同意，不得擅自驶离。

运输工具装卸进出境货物、物品，上下进出境旅客，应当接受海关监管。上下进出境运输工具的人员携带物品的，应当如实向海关申报，接受海关监管。对有走私嫌疑的，海关有权开拆可能藏匿走私货物物品的进出境运输工具的部位。

3. 进出境物品的管理

个人携带进出境的行李物品、邮寄进出境的物品，应当以自用、合理数量为限，接受海关监管。

进出境物品的所有人应当如实向海关申报，并接受海关查验。海关加施的封志任何人不得擅自开启或者损毁。

进出境邮袋的装卸、转运和过境应当接受海关监管。

4. 关税的征收和减免

准许进出口的货物，进出境的物品，除《海关法》另有规定的外，由海关依照进出口税则征收关税。进出口物品的纳税义务人，应当在物品放行前缴纳税款。部分规定的进口货物、进出境物品减征或免征关税。

【案例小知识】

2014 年 3 月 24 日，李某在下飞机后联系朋友帮忙通关。没想到，二人在卫生间商量如何蒙混过关时，被卫生间另一隔间的海关关员听到，随后被查获。日前，经法院审理认为，李某构成走私珍贵动物制品罪，一审被判处有期徒刑六年，并处罚金十万元。

据了解，李某系青岛心之坊餐饮管理有限公司法定代表人兼总经理。2014 年，他萌生了从事贩卖象牙及象牙制品生意的想法。2014 年 3 月 24 日，李某携带大量象牙制品，搭乘了中国东方航空公司 MU744 次航班自日本名古屋到达青岛流亭机场。因担心被海关查获，在回国之前李某就联系了朋友周某，而周某又辗转联系到了流亭机场候机楼安全护卫部大队员工陈某，前去接机。

当天下飞机后，李某来到机场进境大厅的卫生间内电话联系陈某。而当陈某来到卫生间，并得知李某的包里是象牙雕件后，便当场拒绝了李某“帮忙入境”的要求。而此时，二人之间的对话，被正在卫生间另一隔间如厕的海关工作人员听到。

随后，李某被带至海关监管区并接受了通关检查。经 X 射线机及开箱查验，在李某行李中发现疑似象牙及象牙雕件 12 件。据了解，李某的行李箱中，除了一根象牙原牙外，还有用象牙雕刻的观音、寿仙、各式仙女等牙雕。后经国家林业局野生动植物检测中心鉴定，被查扣的 12 件象牙及制品均系国家一级保护野生动物亚洲象（非洲象）的象牙及制品，共价值人民币 96.66744 万元。

2014 年 7 月 22 日，青岛市人民检察院就李某涉嫌走私珍贵动物制品罪向青岛市中级人民法院提起公诉。在审理期间，李某家人主动为其缴纳罚金 10 万元。

日前，经法院审理认为，李某明知象牙系国家禁止进出口的珍贵动物制品，为牟取非法利益，仍携带象牙走私入境，其行为构成走私珍贵动物制品罪。市中院一审判处其有期徒刑六年，并处罚金人民币 10 万元。

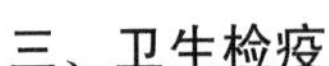

三、卫生检疫

卫生检疫是指国家国境卫生检疫机关为了防止传染病由国外传入或者由国内传出，通过国家设在国境口岸的卫生检疫机关，依照国境卫生检疫的法律、法规，在国境口岸、关口对出入境人员、交通工具、运输设备以及可能传播传染病的行李、货物、邮包等物品实施卫生检疫查检、疾病监测、卫生监督和卫生处理的卫生行政执法行为。

1. 卫生检疫查验管理

入出境交通运输工具和人员必须在最先到达或最后离开的国境口岸指定的地点接受检疫。

2. 传染病检测管理

即对来华定居或居留一年以上的外国人要求提供健康证明，对中国公民出境须提供《健康证明》和《国家预防接种证明》。

3. 卫生监督和卫生处理

对入出境集装箱的检疫管理及进口废旧物品的卫生处理。

4. 进口食品卫生监督检验

对已到达口岸的进口食品，按我国卫生标准和卫生要求检查。若不符合标准，根据其查验结果的危害程度，实行退货、销毁、改作他用或加工处理。

【案例小知识】

从某出入境检验检疫局获悉，近日，该局分别对两起入境船舶违反《中华人民共和国国境卫生检疫法》事件实施行政处罚。

检验检疫工作人员介绍，两起违法事件中，一件是接受入境检疫的船舶未按规定悬挂检疫信号，另一件是入境船舶未经检疫，擅自上下船员和装卸货物。以上两起事件均违反《中华人民共和国国境卫生检疫法实施细则》，该检验检疫局依法对轮船实施行政处罚。

针对这两起行政处罚案例，该检验检疫局及时召开相关船舶运营公司和码头经营单位宣贯会议，通报了对违反检验检疫法规船舶的行政处罚情况和船舶检疫中存在的问题，同时向船务公司宣贯了检验检疫法规，阐明了相关法律条款和具体违法行为的种类，切实防止同类事件再次发生，从而提高相关单位和个人的法律知识和守法意识。

四、动植物检疫

动植物检疫部门是代表国家依法在开放口岸执行进出境动植物检验、检疫、监管的查验机关。根据《中华人民共和国进出境动植物检疫法》规定，负责检疫进出中华人民共和国国境的动植物及其产品和其他检疫物，装载动植物产品和其他检疫物的装载容器、包装物，以及来自动植物疫区的运输工具。

1. 进境检疫管理

国家对进境检疫的审批及进境检疫物运输工具及其检疫物有明确规定。进口货物到达口岸前或抵达口岸时，须在入境口岸动植物检疫局办理报检手续。

2. 出境检疫管理

货主或代理人在动植物及其产品和其他检疫物出境前，须向动植物检疫局办理报检手续，经检验合格方可出境。

3. 携带、邮寄动植物检疫管理

入境旅客及交通工具、员工携带或托运的动植物及其产品和其他检疫物，应当照《检疫法》规定，在入境时应申报接受口岸动植物检疫机关检疫。

邮寄进境植物种子、繁殖材料、生物物品等邮件，应事先办理进境检疫审批手续，检疫合格后交邮局转递。未经检疫邮局不得运递。

4. 运输工具检疫

《检疫法》规定，来自疫区的船舶、飞机、火车到达口岸时，由口岸动植物检疫机关实施检疫。装载出境的动植物及产品和其他检疫的运输工具，应符合防疫规定。

【案例小知识】

2012年2月，60岁的张云（化名）在重庆主城和涪陵收购了3000余块松木条，其中涪陵收购的松木条为“黑木料”，未经检疫。3月初，他将2180块木条卖给了南川的方先生。“这批木材刚运进南川就被市民发现，并向该区森林病虫防治检疫站举报。”据承办该案的检察官介绍，经取样送检鉴定，这批木材中被查出携带有大量松材线虫活体及传播媒介松褐天牛幼虫活体，且带疫比例高达62.5%，它可能造成南川区重大动植物疫情发生。

目前世界上还无有效根治松材线虫的办法，而这批带虫木材的目的地外200米就有上万亩的松林。为保护南川松林，南川区相关部门将这批木材运送到一安全之地焚烧了。同时，警方还对销售者上网追逃。

5月初，张云向南川警方投案自首。到案后，张云坦言，他在涪陵收的“黑木材”长了“霉花”，但他没仔细查看木料上有无松材线虫。8月初，南川区检察院以涉嫌妨害动植物检疫罪对张云提起公诉。检察官透露，因此案属全市首例，案件涉及的专业性较强，他们在认真审查案卷后，还向专业人士进行了请教。由于做了充分准备，法庭上张云对指控没有任何意见。

法院审理认为，张云在未办理植物检疫手续的情况下，将带有松材线虫活体及传播媒介松褐天牛幼虫活体的疫木运到马尾松树林区，有引起重大动植物疫情的危险，情节严重，其行为已构成妨害动植物检疫罪，依法判处其有期徒刑6个月。目前该判决已生效。

第五章　人身检查

安全第一要牢记，不可粗心和大意

工作之中守纪律，万勿违章和违纪

一人把关一处安，众人把关稳如山

居安思危险不至，麻痹大意祸降临

第一节　人身检查的设备的测试

一、手持金属探测器的工作原理

正常时手持金属探测器（如图5－1）产生恒频率磁场，灵敏度调至频率哑点（中心频率）。当探测器接近金属物品时，磁场受干扰发生变化，频率漂移，灵敏度变化，发出报警信号；探测器离开金属物品，灵敏度恢复恒定频率，此时小喇叭无声响（哑点）。

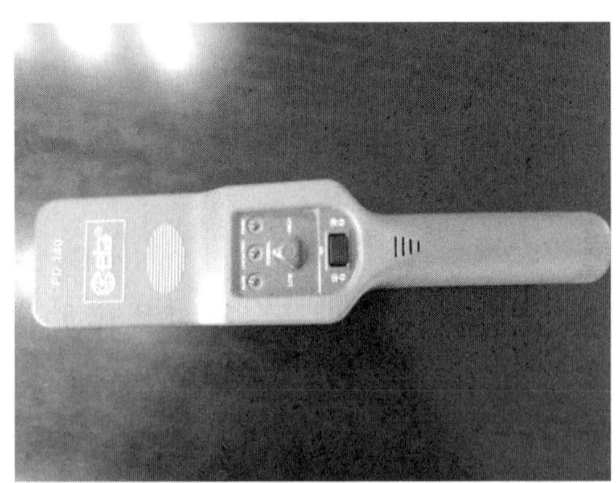

图5－1

二、手持金属探测器的使用和保管

（1）手持金属探测器属小型电子仪器，使用时应轻拿轻放，以免损坏仪器。

（2）手持金属探测器应由专人保管，注意防潮、防热。

（3）手持金属探测器应使用微湿柔软的布进行清洁。

三、手持金属探测器各部位使用说明（以PD140为例）

PD140手持金属探测器控制面板如图5－2所示。探测器包括以下部位：

1. visual alarm indicator 1（可视报警指示灯 1）
2. visual alarm indicator 2（可视报警指示灯 2）
3. power indicator（电源开关指示器）
4. sensitivity adjustment（敏感性调节按钮）
5. on/off switch（打开/关闭开关）
6. audible alarm（有声报警器）
7. battery compartment cap（电池盒盖）
8. sensitive detection area（敏感探测区域）
9. audible alarm ear－piece socket（无声报警器）

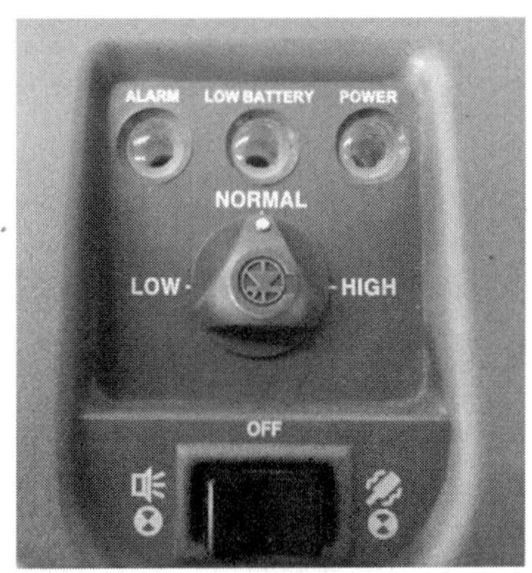

图 5－2

四、金属探测门的视觉警报和声音警报功能

1. 视觉警报

金属探测门应配备视觉警报显示装置，按金属通过的比例给出一个条形的视觉警报，无论环境发光情况如何，至少可以从 5m 外清晰地观察，信号低于报警限界值时显示绿色，高于限界值时显示红色。

2. 声音警报

金属探测门应配有声音报警信号调节装置，可以调节持续时间、音调和音量。在距离门体 1m 远、1.6m 高的地方测量警报的强度，至少可以从 80dB 调节到 90dB。

五、金属探测门的工作原理

脉冲式金属武器探测门的工作原理是设备发生的一连串的脉冲信号产生一个时变磁场，该磁场对探测区中的导体产生涡电流，涡流产生的次极磁场在接受线圈中产生电压，并通过处理电路辨别是否报警。

六、金属探测门的性能特点

脉冲式金属武器探测门具有独特的性能，符合主要安全标准和客户安全标准。它通过感应寄生电流及均化磁场的数字信号处理方式而获得很高的分辨率且发射磁场厚度很低，对心脏起搏器佩带者、体弱者、孕妇、磁性媒质和其他电子装置无害。

七、影响金属探测门探测的因素

（1）金属探测门本身的因素：探测场的场强、探测方法（连续场与脉冲场）、工作频率和探测程序是影响探测的最重要因素。

（2）探测物的因素：探测物的质量和形状，金属种类或合金成分以及探测场的方向。

（3）测试者的因素：测试者的人体特征、测试者通过金属探测器的速率以及测试物在测试者身上的部位的不同都会给探测结果带来影响。

（4）周围环境的因素：使用环境中存在的一些金属物品，环境温度、湿度和周围电磁场的变化会影响探测器的功能。

第二节　人身检查的实施

一、岗位职责

（1）检查旅客自行放入托盘中的物品，如图 5-3。

图 5—3

（2）引导旅客有秩序地通过安全门。

（3）对旅客人身进行仪器或手工检查，如图 5—4。

图 5—4

（4）准确识别并根据有关规定正确处理违禁物品。

二、文明用语

（1）请将您身上的香烟、钥匙等金属物品放入托盘内。

（2）您好，安全门已报警，请接受人身检查。

（3）请脱下您的帽子。

（4）请解开衣扣，微抬双臂。

（5）请转身。

（6）请问这是什么东西？您能打开给我看看吗？

（7）检查完毕，谢谢合作。

（8）请收好您的物品。

三、实施操作

第一步：引导岗位准备。

引导员将衣物筐放于安全门一侧的工作台上并站立于安全门一侧，面对旅客进入通道的方向保持待检状态，如图 5-5。

图 5-5

第二步：引导岗位的实施。

（1）当旅客进入检查通道时，引导员应提示并协助旅客将随身行李正确有序地放置于 X 射线机传送带上，同时请旅客将随身物品及随身行李中的笔记本电脑、照相机等电子设备取出放入衣物筐内。若旅客穿着较厚重的外套，应请其将外套脱下，一并放入衣物筐接受 X 射线机检查。

（2）检查过检旅客是否持有登机牌，登机牌是否盖有安检验讫章，若登机牌未加盖验讫章，请旅客返回验证岗位重新查验。

（3）引导员应观察人身检查员的工作情况，引导待检旅客有序地通过安全门。引导员应合理控制过检速度，保证安检通道的畅通。

（4）对不宜经过 X 射线机检查的物品，引导员应通知开箱（包）检查员对其进行手工检查。

（5）对孕妇、带有心脏起搏器、坐轮椅的残障人士或重病患者等不宜通过安全门检查的旅客，引导员应提醒人身检查员进行手工人身检查。

第三步：处置特殊情况。

（1）遇带有笔记本电脑的旅客，请旅客将笔记本电脑单独放在衣物筐内，与电脑包分别通过X射线机检查。

（2）提示旅客取出随身携带的手机、钱包、钥匙等物品，尽量全部放置在一个衣物筐内，以防出现错拿、漏拿物品的现象。

（3）提示旅客贵重物品以及浅色小包、手包应放在筐内过检，以免被污染。

（4）手提行李有较长背包带的，应避免过机时与机器发生缠绕，须主动将背包带向传送带中部归拢。

（5）遇旅客携带敞口行李时，为避免发生行李物品倾洒，应提醒将其行李封口，若不能封口，则协助旅客将行李敞口端朝外平放在传送带或衣物筐中过检。

（6）遇旅客携带摄像机、易碎物品、易倾洒物品或其他特殊物品时，应避免发生过检物品在过检时或过检后发生破碎、倾洒、损坏等事故。

（7）旅客要求放入筐中过检的行李物品，引导员应尽量满足旅客要求。

（8）对于接打手机的旅客，需待其通话完毕后再协助码放行李物品，引导通过安全门。

（9）禁止将旅客行李或筐强行推入X射线机，避免造成图像不清或不全。

（10）观察人身检查员工作情况，合理控制过检速度及安全门前候检秩序。

（11）当人身检查岗位旅客检查完毕时，引导旅客有秩序地依次通过安全门。

（12）当人身检查员正在对旅客进行检查时，应请待检旅客在安全门外等候。

（13）与验证员、人身检查员、开机员做好协调工作。

（14）当安全门外待检旅客较多时，引导员应及时提示验证员放慢验放速度。

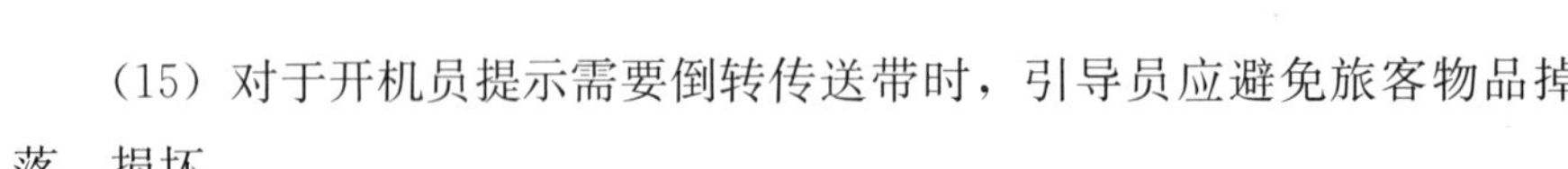

(15) 对于开机员提示需要倒转传送带时，引导员应避免旅客物品掉落、损坏。

(16) 对于旅客携带超大无法正常过检 X 射线机的行李，告知开机员开启大型 X 射线机实施检查。

(17) 若遇在安检现场无理取闹，扰乱现场工作秩序，妨碍安检人员执行公务的旅客，应将其带至安检值班室进行教育；对情节严重，不听劝阻的，移交民航公安机关处理。

第三节　人身检查的处置

一、人身检查的程序

由上到下，由里到外，由前到后。

二、人身检查的方法

对旅客进行人身检查有两种方法：仪器检查和手工检查。在现场工作中通常可采用仪器与手工相结合的检查方法。

仪器检查是指安检人员按规定的方法对旅客进行安全门检查或采取手持金属探测器等检查是否有危险品、违禁品。

三、手持金属探测器检查的程序

从前衣领→右肩→右大臂外侧→右手→右大臂内侧→腋下→右上身外侧→右前胸→腰、腹部→左肩→左大臂外侧→左手→左大臂内侧→腋下→左上身外侧→左前胸→腰、腹部

从右膝部内侧→裆部→左膝部内侧

从头部→后衣领→背部→后腰部→臀部→左大腿外侧→左小腿外侧→左脚→左小腿内侧→右小腿内侧→右脚→右小腿外侧→右大腿外侧

四、手工人身检查的方法

检查人员面对旅客，先从旅客的前衣领开始，至双肩、前胸、腰部止；再请旅客转身，从后衣领起，至双臂外侧、内侧、腋下、背部、后腰部、裆部、双腿内侧、外侧和脚部止。冬季着装较多时，可请旅客解开外衣，对外衣也必须进行认真的检查。

五、手工人身检查的要领

检查要领主要是顺身体的自然形状，通过摸、按压、拍打，用手来感觉出藏匿的物品。拍打是指在手不离开旅客的衣物或身体的情况下用适当的力度进行按压，以感觉出旅客身体或衣物内不相贴合、不自然的物品。

六、手工人身检查的注意事项

(1) 检查时，检查员双手掌心要切实接触旅客身体和衣服，因为手掌心面积大且触觉较敏锐，这样能及时发现藏匿的物品。

(2) 不可只查上半身不查下半身，特别要注意检查重点部位。

(3) 对旅客从身上掏出的物品，应仔细检查，防止夹带危险物品。

(4) 检查过程中要不间断地观察旅客的表情，防止发生意外。

(5) 对女性旅客实施检查时，必须由女性检查员进行。

七、实施操作

第一步：岗位准备。

(1) 人身检查员对安全门及手持金属探测器进行检查，看是否处于正常工作状态。

(2) 交接班时，人身检查员进行岗位交接，应检查完正在检查的过检旅客，并将检查完的后续工作做完后再交接。

(3) 遇手持金属探测器发生故障、没电时，人身检查员应上报班长更换手持金属探测器或电池，并提示引导员控制安全门的过检速度。

第二步：实施手工人身检查。

在旅客通过金属探测门时，若金属探测门报警，则实施手工人身检

查，沿着身体的自然形态，通过摸、按、压等方法，用手来感觉出藏匿的物品。在手不离开旅客的衣物或身体的情况下用适当的力量进行按压，以感觉出旅客身体或衣物内不相贴合、不自然的物品。对旅客取出物品的部位，应用手再进行复查，排除疑点后方可进行下一步检查，如图 5—6。

图 5—6

第三步：实施从严检查。

（1）对经过手工检查仍不能排除疑点的旅客，可带至安检室进行从严检查。实施从严检查的，应报告安检部门值班领导，经批准后才能进行。从严检查必须由两名及以上的同性别检查员实施。实施从严检查时，可由一名安检人员对受检旅客进行监视，防止其做出危险行为或毁灭物证，另一名安检人员进行检查；检查时可请旅客脱掉外衣、鞋袜。对不配合检查的，可根据情况予以拒绝登机或交民航公安机关处理。

（2）从严检查时要做好登记，记录受检旅客的姓名、性别、年龄、所乘航班、工作单位或住址，对其进行检查的安检人员应共同签名，并注意监视检查对象，防止其行凶、逃跑或毁灭罪证。

（3）遇有故意藏匿违禁物品的人员且拒不接受检查者，人身检查员可通知值班领导或移交相关部门，移交时做好移交单据的填写。

第四步：处置特殊情况。

（1）对不接受安全检查的旅客，应向其讲明有关法律、法规；经说明仍不接受者，拒绝其登机，损失自负。

（2）遇有在安检现场无理取闹，扰乱现场工作秩序，妨碍安检人员执行公务的，应带至安检值班室进行教育；对情节严重、不听劝阻的，交民航公安机关处理。

（3）遇有因航班延误、取消等原因，旅客强行冲击安检现场或登机口的，应予以劝阻和制止，并及时报告民航公安机关处理。

（4）旅客与安检人员发生矛盾时，应予以调解。旅客提出合理建议或投诉时，要认真接待和答复。发现严重精神病患者，通知承运人处理；发现醉酒不能约束自己行为者，交民航公安机关处理；对危重病人，凭医院证明或当地民航急救中心证明，安检部门值班领导可派人到飞机下面检查。

（5）对戴有帽子的旅客要让其取下检查，防止藏匿违禁物品；要注意对旅客身上的装饰品仔细查看，必要时让其取下来检查，防止装饰品本身就是违禁物品或者将违禁物品伪装成装饰品带上飞机。

（6）对小孩检查时，报警的重点部位要从严检查，注意从小孩陪伴人的言行、表情中发现可疑点，防止被不法分子利用藏匿携带违禁物品。

【案例小知识】

在机场安检现场，如果男旅客烟瘾大藏匿一只打火机还能理解，可是一个女性旅客竟然在内裤里藏匿四只打火机，就简直是匪夷所思了！某天中午，白云机场安检人员检查发现，为了携带四枚普通的一次性打火机“闯关”，一名中年女子竟然把打火机藏在内裤里，令人惊愕。

中午约12时，白云机场安检人员在国内通道执行检查任务时，中年女子杨某进入通道，人身检查员发现其在通过金属探测门时，安全门报警，杨某表情很不自然。安检员依照程序认真检查。当检查到杨某腰臀部时，手用探测器发出报警声，安检员触摸感觉此部位有几件坚硬物品，疑似打火机，于是请杨某自觉取出物品。但是杨某口口声声表示，其是女性不会有打火机，也没有携带任何金属制物品。于是，安检员将杨某请到特殊检查室，由安检人员做进一步检查，结果检查发现，杨某竟然在内裤的内口袋里，藏匿了四枚一次性打火机。杨某见打火机被查获，顿时面红耳赤，哑口无言。安检人员立即对杨某及随身物品进行复检，没有发现其他违禁品。据了解，杨某知道乘机不能携带打火机，自以为安检人员不会检查女客的内裤，遂出此“上策”。随后，安检人员将杨某交由航站楼派出所处理。

据了解，乘机旅客如果安检时藏匿不能随身携带的物品，根据《民用航空安全保卫条例》规定，对于如藏匿打火机等违禁物品登机的旅客，公安部门可以处以5000元以下罚款。目前，在机场乘机的部分旅客存有侥幸心理，以为藏得隐蔽一些，就有可能通过，其实大可不必冒险做这种违法的事，以免带来不必要的麻烦。

第六章　开箱（包）检查

安全记心间，事故难沾边

好钢靠锻打，安全要严抓

上班一走神，事故敲你门

警惕安全在，麻痹事故来

第一节　开箱（包）检查的实施

一、开箱（包）检查的程序

（1）观察外层。看它的外形，检查外部小口袋及有拉链的外夹层。

（2）检查内层和夹层。用手沿行李包的各个侧面上下摸查，将所有的夹层、底层和内层小口袋检查一遍。

（3）检查包内物品。按X射线机操作员所指的重点部位和物品进行检查。在没有具体目标的情况下应一件一件地检查。已查和未查的物品要分开，放置要整齐有序。如包内有枪支等物品，应先将之取出保管好，及时进行处理，然后再细查其他物品。检查过程中，要对物主采取看护措施。

（4）善后处理。检查后如有问题应及时报告领导，或交公安机关处理。没有发现问题的应协助旅客将物品放回包内，对其合作表示感谢。

二、开箱（包）检查的方法

一般是通过人的眼、耳、鼻、舌、手等感官进行检查，根据不同的物品采取相应的检查方法。主要有以下几种常用方法：看、听、摸、拆、掂、捏、嗅、探、摇、烧、敲、开等。

看：就是对物品的外表进行观察，看是否有异常，包袋是否有变动等。

听：对录音机、收音机等音响器材通过听的方法，判断其是否正常。此法也可以用于对被怀疑有定时爆炸装置的物品进行检查。

摸：就是直接用手的触觉来判断是否藏有异常或危险物品。

拆：对被怀疑的物品，通过拆开包装或外壳，检查其内部有无藏匿危险物品。

掂：对被检查的物品用手掂其重量，看其重量与正常的物品是否相符，从而确定是否进一步进行检查。

捏：主要用于对软包装且体积较小的物品，如洗发液、香烟等物品的检查，靠手感来判断有无异常物。

嗅：对被怀疑的物品，主要是爆炸物、化工挥发性物品，通过鼻子的嗅闻，判断物品的性质。基本动作应注意使用“扇闻”的方法。

探：对有怀疑的物品如花盆，盛有物品的坛、罐等，如无法透视，也不能用探测器检查，可用探针进行探查，判断有无异物。

摇：对有疑问的物品，如用容器盛装的液体，佛像、香炉等中间可能是空心的物品，可以用摇晃的方法进行检查。

烧：就是对有怀疑的某些物品，如液体，粉末状、结晶状等物品，可取少许用纸包裹，然后用火点燃纸张，根据物品的燃烧程度、状态等判断其是否易燃易爆物品。

敲：对某些不易打开的物品如拐杖、石膏等，用手敲击，听其发音是否正常。

开：通过开启、关闭开关，检查手提电话、传呼机等电器是否正常，防止其被改装为爆炸物。

以上方法不一定单独使用，常常是几种方法结合起来，以便更准确、快速地进行检查。

三、开箱（包）检查操作

（1）开包员站立在 X 射线机行李传送带出口处疏导箱包，避免过检箱包被挤、压、摔倒，如图 6−1。

图 6－1

（2）当有箱包需要开检时，开机员给开包员以语言提示。待物主到达前，开包员控制需开检的箱包。物主到达后，开包员请物主自行打开箱包，对箱包实施检查。如箱包内疑有枪支、爆炸物等危险品的特殊情况下，需由开包员控制箱包，并做到人物分离。

（3）开包检查时，开启的箱包应侧对物主，使其能通视自己的物品，如图 6－2。

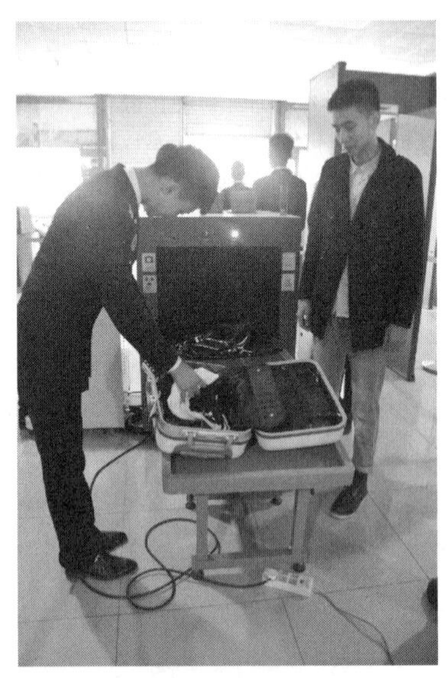

图 6－2

（4）根据开机员的提示对箱包进行有针对性的检查。已查和未查的物品要分开，放置要整齐有序。

①检查包的外层时应注意检查其外部小口袋及有拉锁的外夹层。

②检查包的内层和夹层时应用手沿包的各个侧面上下摸查，将所有的夹层、底层和内层小口袋完整、认真地检查一遍。

（5）检查过程中，开包员应根据物品种类采取相应的方法（看、听、摸、拆、捏、掂、嗅、探、摇、烧）进行检查。

（6）开包员将检查出的物品请开机员复核。

①若属安全物品则交还旅客本人或将物品放回旅客箱包，协助旅客将箱包恢复原状。而后对箱包进行X射线机进行复检。

②若为违禁品则交移交台处理。

（7）若过检人员申明携带的物品不宜接受公开开包检查时，开包员应交值班领导处理。

（8）遇有过检人员携带胶片、计算机软盘等不愿接受通过X射线机检查时，应进行手工检查。

四、开箱（包）检查的重点对象（重点物品）

（1）用X射线机检查时，图像模糊不清无法判断物品性质的。

（2）用X射线机检查时，发现疑似有电池、导线、钟表，粉末状、液体状、枪弹状物及其他可疑物品的。

（3）X射线机图像中显示有容器、仪表、瓷器等物品的。

（4）照相机、收音机、录音录像机及电子计算机等电器。

（5）携带者特别小心或时刻不离身的物品。

（6）乘机者携带的物品与其职业、事由和季节不相适应的。

（7）携带者声称是帮他人携带或来历不明的物品。

（8）旅客声明不能用X射线机检查的物品。

（9）现场表现异常的旅客或群众揭发的嫌疑分子所携带的物品。

（10）公安部门通报的嫌疑分子或被列入查控人员所携带的物品。

（11）旅客携带的密码箱包进入检查区域发生报警的。

五、开箱（包）检查的要求及注意事项

（1）开箱（包）检查时，物主必须在场，并请物主将箱包打开。

（2）检查时要认真细心，特别要注意重点部位如箱包的底部、角部、外侧小兜，并注意发现有无夹层。

（3）没有进行托运行李流程改造的要加强监控措施，防止已查验的行李箱包与未经安全检查的行李相调换或夹塞违禁（危险）物品。

（4）对旅客的物品要轻拿轻放，如有损坏，应照价赔偿。检查完毕，应尽量按原样放好。

（5）开箱（包）检查发现有危害大的违禁物品时，应采取措施控制住携带者，防止其逃离现场，并将箱包重新经 X 射线机检查，以查清是否藏有其他危险物品，必要时将其带入检查室彻底清查。

（6）若旅客申明所携带物品不宜接受公开检查时，安检部门可根据实际情况，避免在公开场合检查。

（7）对开箱（包）的行李必须再次经过 X 射线机检查。

六、实施操作

第一步：岗位准备。

（1）开箱（包）检查员在检查过程中遇交接班时，在岗的开箱（包）检查员要将正在检查的旅客箱包处理完毕后，方可进行交接班。

（2）对于其他待检箱包，须指明开检内容，接班人明确后，交班人方可离开，必要时须经开机员确认。

（3）如发现设备故障，要及时上报，通知设备维修科的人员对设备进行维修，设备修复后应及时告知值班领导。

第二步：岗位操作实施。

（1）开箱（包）检查员疏导箱包。开包员站立在 X 射线机行李传送带出口内侧疏导箱包，避免过检箱包被挤压、翻到、掉落；遇有摄像机、易碎物品、易倾洒物品及其他特殊物品时，应及时提醒开机员停机并请旅客及时取下。

（2）根据开机员指令确定开检箱包；在没有得到开机员指明开启箱包

的位置时，应按照由外到内的原则开启箱包。

（3）当开箱（包）检查员得到开机员的开包指令后，开箱（包）检查员按开机员的要求确定开检的区域。待物主到达前，开箱（包）检查员需控制箱包。物主到达后，开箱（包）检查员与物主确认箱包并告知物主箱包需要开检。

（4）对目标箱包实施开检。

（5）根据开机员指定的重要区域或物品对箱包进行有针对性的检查。

（6）开包员要做到对已查和未查物品的有效管控，避免过检人员接触。

第三步：处理特殊情况。

当不能明确所要开检的物品具体位置时：

（1）检查箱包的外层时应注意检查其外部小口袋、有拉锁的外夹层及箱包外部边角、缝隙、轮轴等易夹藏物品的部位。

（2）用手沿箱包的四个侧面上下摸查，检查内部时注意夹层、底层和内层小口袋。

（3）检查过程中，开箱（包）检查员应根据物品种类采取相应的方法进行检查。

（4）开箱（包）检查员将开检出的物品与开机员沟通确认。

（5）检查完毕后，开箱（包）检查员协助旅客整理好箱包并提醒过检人员拿好随身行李物品。对开机员告知需对箱包内的某类物品及箱包分开过检时，应将物品及箱包分开再次经过 X 射线机检查。

（6）对邮件检查中发现的可疑邮件，应会同邮寄方共同开箱（包）检查。对不便于开箱（包）检查的，退邮寄方处理；对伪报品名或在邮件中夹带危险品的交民航公安机关处理。

（7）接到遇劫信息后，须立即向民航局公安局报告如下内容：该次航班的安检、监护过程中有无发生刻意情况，是否全部旅客均经过安全检查、是否按照有关规定实行人身检查和开箱（包）检查；配合公安机关检查遇劫航班旅客安检时使用的仪器是否处于良好技术状态；了解上岗前的测试情况以及安全门在检查过程中所使用的档次，中间是否调换。在条件许可时，应暂时关闭该安检通道；配合公安机关对承担遇劫航班安检任务

的各岗位安检人员开展调查取证工作，查明情况，分清责任。

（8）检查过程中若发现属安全物品则交还旅客本人或将物品放回旅客箱包，协助旅客将箱包恢复原状，而后对箱包进行 X 射线机复检；若发现违禁物品则作移交处理。

（9）清查各种工作记录和登记并如实上报：手提行李件数、开包检查数；查出危险品、违禁品件数及其处理情况；移交机组保管的限制物品件数、品名及物主座位号；X 射线机检查的特殊情况。

第二节　各类常见的物品

一、仪器、仪表的检查方法

对仪器、仪表通常进行 X 射线机透视检查，如 X 射线机透视不清，又有怀疑，可用看、掂、探、拆等方法检查。看仪器、仪表的外表螺丝是否有动过的痕迹；对家用电表、水表等可掂其重量来判断；对特别怀疑的仪器、仪表可以拆开检查，看里面是否藏有违禁物品。

二、各种容器的检查方法

对容器进行检查时，可取出容器内的东西，采取敲击、测量的方法，听其发出的声音，分辨有无夹层，并测出容器的外高与内深，外径与内径的比差是否相符。如不能取出里面的东西，则可采用探针检查法。

三、各种文物、工艺品的检查方法

一般采用摇晃、敲击、听等方法进行检查，摇动或敲击时，听其有无杂音或异物晃动声。

四、容器中液体的检查方法

对液体的检查一般可采用看、摇、嗅、试烧的方法进行。看容器、瓶子是否原始包装封口；摇液体有无泡沫（易燃液体经摇动一般产生泡沫且泡沫消失快）；嗅闻液体气味是否异常（酒的气味香浓，汽油、酒精、香蕉水的刺激性大）；对不能判别性质的液体可取少量进行试烧，但要注意安全。

五、骨灰盒等特殊物品的检查方法

对旅客携带的骨灰盒、神龛、神像等特殊物品，如 X 射线机检查发现有异常物品时，可征得旅客同意后再进行手工检查；在旅客不愿意通过 X 射线机检查时，可采用手工检查。

六、衣物的检查方法

衣服的衣领、垫肩、袖口、兜部、裤腿等部位容易暗藏武器、管制刀具、爆炸物和其他违禁物品。因此，在安全检查中，对旅客行李物品箱包中的可疑衣物要用摸、捏、掂等方式进行检查。对冬装及皮衣、皮裤更要仔细检查。看是否有夹层，捏是否暗藏有异常物品，

衣领处能暗藏一些软质的爆炸物品。掂重量是否正常。对衣物检查时应用手掌心进行摸、按、压。因为手掌心的接触面积大且敏感，容易查出藏匿在衣物的危险品。

七、皮带（女士束腰带）的检查

对皮带（女士束腰带）进行检查时，看边缘缝合处有无再加工的痕迹，摸带圈内是否有夹层，如图 6－3。

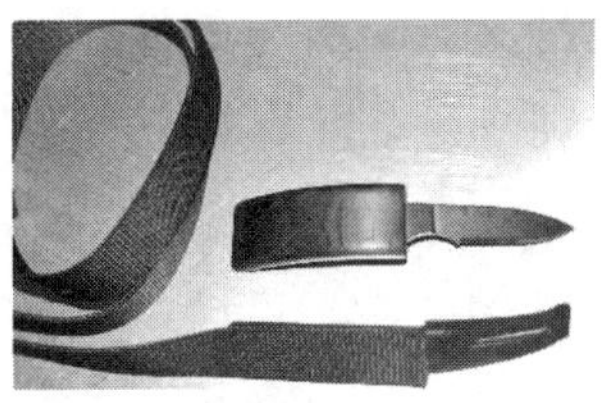

图 6－3

八、书籍的检查

书籍容易被人忽视，厚的书或者是捆绑在一起的书可能被挖空，暗藏

武器、管制刀具、爆炸物和其他违禁物品，检查时，应将书打开翻阅检查，看书中是否有上述物品，如图 6-4。

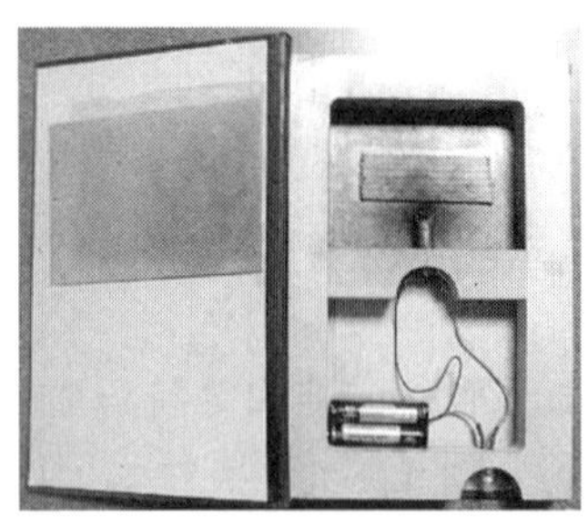

图 6-4

九、笔的检查

看笔的外观是否有异常，掂其重量是否与正常相符，按下笔身的开关或打开笔身查看是否改装成笔刀或笔枪，如图 6-5。

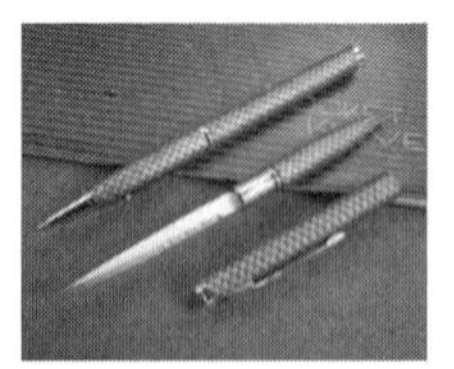

图 6-5

十、雨伞的检查

雨伞的结构很特殊，往往被劫机分子利用，在其伞骨、伞柄中藏匿武器、匕首等危险物品以混过安全检查。在检查中，可用捏、摸、掂直至打开的方法进行检查，要特别注意对折叠伞的检查，如图 6-6。

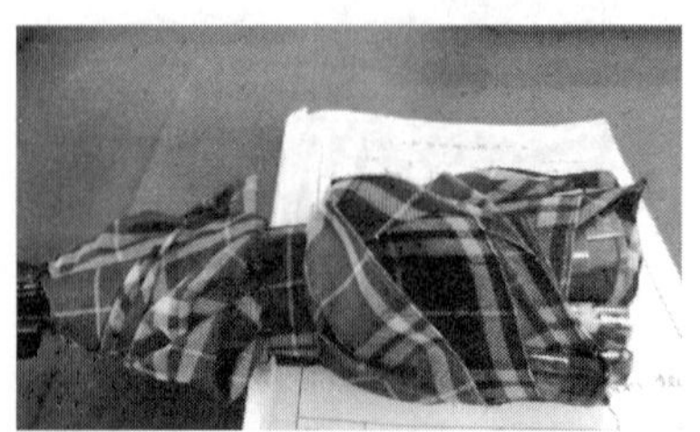

图 6-6

十一、手杖的检查

注意对手杖进行敲击，听其发声是否正常，认真查看外观是否被改成拐杖刀或拐杖枪，如图 6－7。

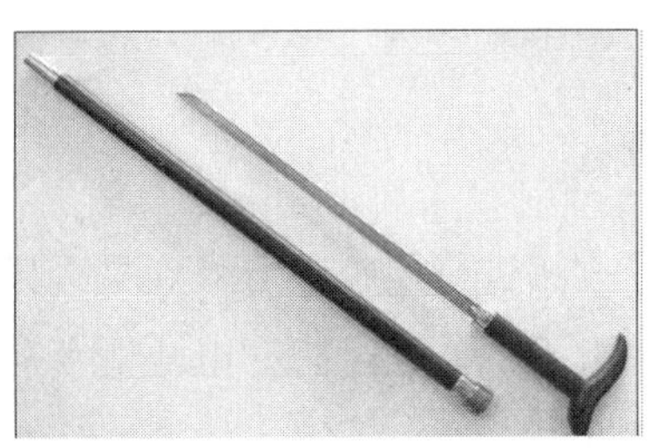

图 6－7

十二、玩具的检查

小朋友携带的玩具也有可能暗藏匕首、刀具和爆炸装置。对毛绒玩具检查时，通常要看其外观，用手摸查有无异物；对电动玩具检查时，可通电或打开电池开关进行检查；对有遥控设施的玩具检查时，看其表面是否有动过的痕迹，摇晃是否有不正常的声音，掂其重量是否正常，拆开遥控器检查电池，看是否暗藏危险品。

十三、整条香烟的检查

整条香烟、烟盒和其他烟叶容器一般都是轻质物品，主要看其包装是否有被重新包装的痕迹和掂其重量（每条香烟重量约为 300 克）来判断，对有怀疑的要打开包装检查。

十四、摄像机、照相机的检查

对一般类型的摄像机，可首先检查其外观是否正常，有无可疑部件，有无拆卸过的痕迹，重点检查带匣、电池盒（外置电源）、取景窗等部分，对有怀疑的可让旅客进行操作以查明情况。对较复杂的大型摄像机，可征得旅客的同意进行 X 射线机检查。内如没有胶卷，可以询问旅客是否可以打开照相机；也可以掂其重量来判断，如机内装有爆炸物，其重量会不同于正常照相机。对有怀疑的照相机可以按快门试拍来判断。

十五、笔记本电脑的检查

检查外观有无异常，掂其重量是否正常，可请旅客将电脑启动，查看能否正常工作。对电脑的配套设备（鼠标、稳压器等）也要进行检查。

十六、手机的检查

可用看、掂、开等方法进行检查。看外观是否异常，掂其重量，如藏匿其他物品会有别于正常手机。通过打开电池盒盖和开启、关闭开关来辨别手机是否正常，如图 6-8。

图 6-8

十七、乐器的检查

乐器都有发音装置。对弦乐器可采用拨（按）、听、看的方法，听其能否正常发音。对管乐器材可请旅客现场演示。

十八、口红、香水等化妆物品的检查

口红等化妆品易改成微型发射器（如图 6-9），可通过掂其重量或打开进行检查。部分香水的外部结构在 X 射线机屏幕上所显示图像与微型发射器类似，在检查时观看瓶体说明并请旅客试用。

图 6－9

十九、粉末状物品的检查

粉末状物品性质不易确定，可取少许，用纸包裹，然后用火点燃纸张，通过观察其燃烧程度来判断是否属于易燃易爆物品。

二十、食品的检查

对罐、袋装的食品的检查，掂其重量看是否与罐、袋体所标注重量相符，看其封口是否有被重新包装的痕迹。觉察该物可疑时，可请旅客自己品尝。

二十一、小电器的检查

诸如电吹风机、电动卷发器、电动剃须刀等小型电器可通过观察外观、开启电池盒盖、现场操作的方法进行检查。对于钟表要检查表盘的时针、分针、秒针是否正常工作，拆开其电池盒盖查看是否被改装成钟控定时爆炸装置。

二十二、鞋的检查

采用看、摸、捏、掂等检查方法来判断鞋中是否藏有违禁物品（如图 6－10）。看，是看鞋的外表与鞋的内层；摸，是用手的触感来检查鞋的内边缘等较为隐蔽之处，检查是否异常；捏，是通过手的挤压来感觉进行判断。掂，掂鞋的重量是否正常。必要时可通过 X 射线机进行检查。

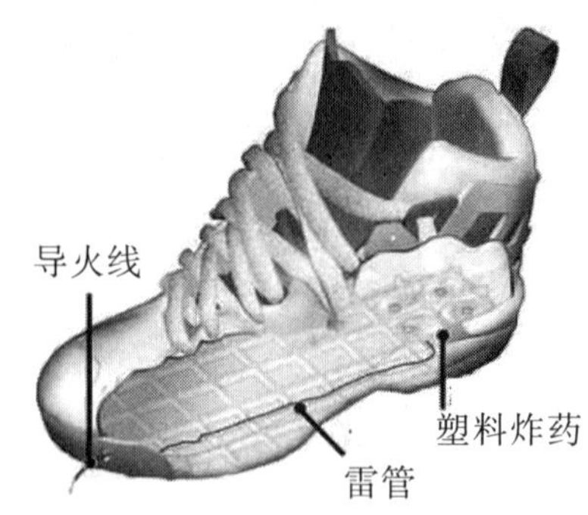

图 6—10

【案例小知识】

2014 年 10 月 8 日，柳州机场在执行 EU2202 柳州至成都航班安检任务时，安检员发现一根拐杖的 X 光图像异常，经检查该拐杖内有一把双刃刀，遂移交柳州机场派出所处理。

当日晚上 9 时 10 分左右，正值旅客过检高峰时段，有一位拄着拐杖的老人及两名陪同家属进入旅检通道接受安全检查，老人的拐杖也按照规定过机检查，X 射线机操机员发现拐杖图像的上端有异常，随即让安检员进行开包检查，经检查发现该拐杖手柄为一龙头，仔细观察可发现上端手柄可以拧开，原来里面竟藏着一把很长的双刃刀，经测量有 42 厘米长，安检员立即报告安检站现场值班领导，并将拐杖刀及当事人一并移交机场派出所处理。

经询问，老人姓杜，今年已 72 岁，因腿脚不灵便，需借助拐杖行走，所持有的拐杖是几个月前其女儿在一地下商场购买的，其本人并不知道自己的拐杖内有刀，机场公安民警考虑老人年事已高，且积极配合公安机关查实情况，在对其随身物品进行了严格检查后，未发现其他危险品或违禁物，因此，依据相关法规，收缴其所带的拐杖刀，教育后予以放行。

在此，机场工作人员提醒广大乘机旅客：部分户外用品具有防身、自救等多种功能，其中隐匿的管制类刀具是民航严禁携带或托运的违禁品，请在购买时了解详情并仔细辨认，以免给自己的出行带来不必要的麻烦。

第三节　暂存、移交的办理

一、办理暂存、移交的程序

由安检员将旅客及其物品带至受理台后，受理人员根据相关规定对旅客不能带上飞机的物品办理暂存、移交手续。

（1）禁止旅客随身携带或者托运的物品：

①勤务中查获的枪支、弹药、警用械具类、爆炸物品类、管制刀具、易燃易爆物品、毒害品、腐蚀性物品、放射性物品、其他危害飞行安全物品等国家法律、法规禁止携带的物品应移交公安机关处理，并做违禁物品登记。

②对于旅客携带的限量物品的超量部分，安检员可请旅客将其交给送行人带回或自行处理。如果旅客提出放弃，安检员应将该物品归入旅客自弃物品回收筐中。

（2）禁止旅客随身携带但可作为行李托运的物品：

①勤务中查获的禁止旅客随身携带但可作为行李托运的物品，移交员应告知旅客可作为行李托运或交送行人员。如果来不及办理托运，可为其办理暂存手续。办理暂存手续时，受理员应向旅客告知暂存期限为 30 天，如果超过 30 天无人认领，将视为自动放弃，交由民航公安机关处理。

“暂存物品收据”一式三联。开具单据时必须按照单据所列的项目逐项填写，一联留存，一联交旅客，一联贴在“暂存物品袋”上。

②填写“暂存物品登记表”。

③国际航班的移交员还可根据航空公司的要求为旅客办理移交机组手续，填写“换取物品单据”，并告知旅客下飞机时凭此单据向机组取回物品。

“换取物品单据”一式三联。开具单据时必须按照单据规定的项目逐项填写，一联留存，一联交给旅客，一联贴于“移交袋”上，如“移交

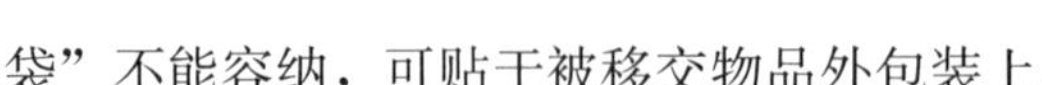

袋”不能容纳，可贴于被移交物品外包装上。

④如果旅客提出放弃该物品，移交员将该物品放入旅客自弃物品回收筐中。

(3) 旅客限量随身携带的生活用品：

①对工作中查获的需限量随身携带的生活物品，移交员可请旅客对超量部分送交送行友人带回或自行处理。对于携带的酒类物品，移交员可建议旅客交送行友人带回或办理托运。

②如果旅客提出放弃，安检员将该物品归入旅客自弃物品回收筐中。

(4) 勤务中查获的走私物品、淫秽物品、毒品、赌具、伪钞、反动宣传品等，应做好登记并将人和物品移交民航公安机关、海关等相关联检单位依法处理。

(5) 对于旅客（或工作人员）丢失的物品：

①由捡拾人与移交员共同对捡拾物品进行清点、登记。

②捡拾物品在当日未被旅客取走的则上交失物招领处，并取回回执。

(6) 每天在勤务结束后，移交员将暂存物品、旅客自弃物品及“暂存物品登记表”上交值班员兼信息统计员。

(7) 值班员兼信息统计员岗位职责：

①对移交员上交来的暂存物品进行清点、签收，并保留“暂存物品登记表”。

②负责将暂存物品按日期分类，分别放置在相应的层柜中，以备以后旅客提取暂存物品时方便查找。

③负责对旅客自弃物品的收存。

(8) 暂存物品的领取及处理：

①旅客凭“暂存物品单据”在30天内领取暂存物品。物品保管员根据“暂存物品单据”上的日期、序列号找到暂存物品，经确认无误后返还领取人，同时物品保管员将旅客手中的“暂存物品单据”收回。

②对于超过30天后无人认领的暂存物品应及时上交民航公安机关处理；对于已经返还的暂存物品，则在“暂存物品登记表”上注销，并将暂存表同无人认领物品一并上交。

③对于旅客自弃的物品应定期回收处理。

二、暂存、移交物品单据的填写和使用

暂存物品是指不能由乘机旅客自己随身携带且旅客本人又不便处置的物品。暂存物品单据是指具备物主姓名、证件号、物品名称、标记、数量、新旧程度、存放期限、经办人和物主签名等项目的一式三联单据。

在开具单据时必须按照单据所规定的项目逐项填写，不得漏项。暂存物品单据一式三联：第一联留存，第二联交给旅客，第三联贴于暂存物品上以便旅客领取。安检部门收存的暂存物品应设有专人专柜妥善保管，不得丢失。

暂存单据（如表 6－1）有效期限为 30 天，逾期未领者，视为自动放弃物品，由安检部门酌情处理。对于 30 天内无人认领的暂存物品将统一收存，再延长 7 天存放期，若 7 天后仍无人认领的，则视为无人认领物品上交处理。对于已经返还的暂存物品，则在“暂存物品登记表”上注销，并将暂存表与无人认领物品一并上交。

表 6－1　××机场物品暂存单

日期：　年　月　日

<table>
<tr><td>旅客姓名</td><td></td><td>性别</td><td colspan="2"></td><td colspan="2">证件号码</td><td></td></tr>
<tr><td>物品名称</td><td>单位</td><td>数量</td><td colspan="5">备注</td></tr>
<tr><td></td><td></td><td></td><td colspan="5"></td></tr>
<tr><td></td><td></td><td></td><td colspan="5"></td></tr>
<tr><td></td><td></td><td></td><td colspan="5"></td></tr>
<tr><td></td><td></td><td></td><td colspan="5"></td></tr>
<tr><td>所乘航班</td><td></td><td>承办人</td><td colspan="2"></td><td>旅客签名</td><td colspan="2"></td></tr>
<tr><td colspan="8">备注：以上物品保存期为 30 天，逾期不取，作自弃处理。</td></tr>
</table>

三、实施操作

第一步：填写暂存、移交物品单据。

暂存物品单据的使用和填写要求：填写一式三联的物主姓名、证件号、物品名称、标记、数量、新旧程度、存放期限、经办人，同时请物主

签名。在开具单据时必须按照单据所规定的项目逐项填写，不得漏项。

第二步：填写移交物品单据。

移交是指安检部门在安检工作中将遇到的问题按规定移交给各有关部门。这里所说的移交包括三个方面：移交民航公安机关，移交机组，移交其他有关部门。也就是要办理好交接手续，清点所有物品。

移交单据是指安检部门在检查工作中遇有问题移交时，需要填写三联单，让接收人签名后，将第一联留存，第二联交给旅客，第三联交接收人。移交单据应妥善保管，以便存查。

对旅客遗留的物品，要登记清楚钱和物的数量、型号、日期，安排专人妥善保管，以方便旅客认领。对旅客自弃的物品，安检部门要统一造册，妥善保管，报经上级领导批准后做出处理。

第三步：特殊情况的处理。

安检中发现可能被用来劫炸飞机的武器、弹药、管制刀具以及假冒证件等，应当连人带物移交所属民航公安机关审查处理。移交时，应填写好移交清单，双方签字并注意字迹清晰，不要漏项。

对安检中发现的具有走私黄金、文物、毒品、淫秽物品、伪钞等嫌疑的，应连人带物移交有关部门审查处理。

旅客携带《禁止旅客随身携带但可作为行李托运的物品》中所列物品来不及办理托运，应按规定或根据航空公司的要求为旅客办理手续后移交给机组，到目的地后交还。

【案例小知识】

9月3日，某机场安检站执行CZ6816次航班安检勤务过程中，在一名旅客手提行李内查获一套赌具。当日下午，正值航班过检的高峰期，一名男性旅客在通过安全检查时，X射线机屏检员发现这名旅客随身携带的行李内有异常情况，随即通知开箱（包）检查员将该件行李进行手工检查。开箱（包）检查员手工检查发现该行李内有一条裤子内层粘有一电子装置，经询问旅客得知此物品为电动换牌器，是帮朋友携带的物品。安检人员告知该名旅客不能携带赌具乘机，在经过严格检查后将旅客与行李物品移交公安分局处理。

第七章 X射线机

好拳不在花样巧，安全别光嘴上叫

大意多与事故好，小心方能平安保

平时多练基本功，安全检查显神通

违章铸成终身悔，守规伴你一世安

第一节　X射线机开关机规程及常见问题处理

X射线机是民航安检行李检查的必选设备。现代X射线机技术也愈加发达，能帮助安检员更快更准的识别X射线机图像，且更加方便操作，如机器可以自动感应物体，有行李放上，机器启动运行，无行李，机器静止。关机时只需旋转一下钥匙，设备自动安全关机，减少设备故障。

在现场工作中X射线机可能会出现各种故障，X射线机操作员必须要能排除简单的故障，碰到无法解决的故障则立即报告现场值班领导，由专业技术人员排除故障。

一、X射线机开关机规程

（1）操作员使用仪器前应检查仪器外观是否完好。

（2）首先开启稳压电源，观察电压指示是否稳定在220±10%的范围内。

（3）开启X射线机电源，观察运行自检测程序正常后，开始检查工作。

（4）检查中，如遇设备发生故障，应立即报告现场值班领导。

（5）工作结束后，应关闭X射线机电源及稳压电源。有些机型需要先退出X射线机操作平台，待图像存储完成后，再关闭X射线机电源及稳压电源。

（6）按要求认真填写设备运行记录。

二、X射线机开机过程中常见问题解决方法

（1）按下电源开关键机器无反应。

①检查机器通道两侧及操作键盘上三个紧急断电按钮是否处于断开状态。

解决方法：复位紧急断电按钮，再进行开机操作。

②检查机器所有电源插头和接口是否连接正确。

解决方法：正确连接电源插头或接口，再进行开机操作。

③检查稳压电源或不间断电源开关是否开启。

解决方法：开启稳压电源或不间断电源的开关，再进行开机操作。

④如果按下电源开关键后机器无反应，且不是上述问题，则立即报告现场值班领导，由专业技术人员排除故障。

（2）X射线机自检正常，但显示器不显示图像。

①检查显示器开关是否打开。

解决方法：打开显示器开关。

②检查显示器电源插线头或接口是否连接正确。

解决方法：正确连接电源插头或接口。

（3）X射线机自检正常，但显示器显示偏色或图像比例失真。

①检查显示器视频连接线接口是否松动。

解决方法：重新连接固定显示器视频连接线接口。

②检查显示器周围是否有磁性物质。

解决方法：移开磁性物质，显示器关闭后再打开。

③检查显示器调整设置是否正确。

解决方法：检查显示器的设置（参见显示器所附的操作手册）。

（4）X射线机自检过程中提示未清空通道或光障上有无遮挡物，如有异物或遮挡物则将其取出或移出后重新开机。

三、X射线机检查操作过程中常见问题解决方法

（1）X射线机检查操作过程中X射线机停机。

①传送带电机过热。

解决方法：X射线机关机冷却30分钟，然后再开机使用。特别注意非常重的行李或货物，必须单独通过X射线机进行检查。

②行李和行李之间的距离太短。

解决方法：每15分钟传送带上两件相邻行李之间的距离应至少保持50厘米。

(2) X射线机显示图像受到干扰。

解决方法：如显示器周围有无法屏蔽无线电波的仪器或无线对讲机，应关掉这些设备。或者有无法关闭的设备，则让其与显示器保持一定距离，直至显示器不受干扰为止。

(3) X射线机在无行李检查时一直发射X射线。

X射线机光障被遮挡。

解决方法：停止传送带后，检查X射线机通道内光障上有无遮挡物，如有遮挡物则将其移除。如无遮挡物则立即报告现场值班领导，由专业技术人员排除故障。

第二节　X射线机工作状态检查及相关指示

一、X射线机工作状态的检查项目

(1) 检查X射线机的外壳面板、显示器、键盘及电缆是否损坏。

(2) 检查通道入口及出口处的铅帘门是否缺损。

(3) 检查X射线机的传送带是否磨损或污脏。

(4) 检查电源接通指示灯。

(5) 检查等待指示灯。

(6) 检查射线指示灯。

二、X射线机相关指标与标准值之间的关系

X射线机操作员应在了解X射线机相关指示定义的基础上，掌握X射线机相关指标是否符合标准值的要求，以此判断X射线机是否处于正常工作状态。

三、X射线机图像颜色的含义

1. X射线机图像颜色的含义

（1）橙色——有机物（食品、纸张、塑料、炸药、毒品等原子序数小于10的物质）。

（2）蓝色——无机物（重金属、原子序数大于18的物质）。

（3）绿色——混合物（有机物与无机物的重叠部分和原子序数10至18的物质）。

（4）黑色——非常厚、X射线穿不透的物体。

2. 呈不同颜色物质举例

（1）呈橙色常见物质举例：

①水：包括饮料、茶水、牛奶。

②酒精（乙醇）：酒、医用酒精。

③甲基苯丙胺：冰毒、摇头丸、麻古。

④2，4，6-三硝基甲苯（TNT）。

（2）呈绿色常见物品举例：

①铝：摩丝瓶、铝制易拉罐。

②二氧化硅：玻璃制品。

③硫：硫黄、黑火药。

④氯化钠：食盐。

（3）呈蓝色常见物品举例：

①铁：刀具、金属眼镜盒、笔记本电脑、手机。

②镍：镍氢电池。

③铜：充电器电线、铜壳打火机。

【案例小知识】

安检机图像识别

我们使用X射线安检设备的目的是能够辅助安检人员在大流量的客流中快速、有效地发现行李内可能存在的违禁物品，尽可能少地进行开包

检查。

那么，什么是违禁品呢？违禁品也就是通常所说的“三品”，它们是易燃、易爆品，腐蚀性物品，管制刀具和枪械。其中，易燃、易爆品包括汽油、酒精、爆竹、雷管、炸药、丁烷气体、化妆品、空气清新剂等。腐蚀性物品包括硫酸、盐酸、硝酸、王水、双氧水、强氧化性材料等。管制刀具和枪械包括弹簧刀、跳刀、三棱刀、砍刀、手刺、手枪等。这些违禁物品隐匿在行李中，在X光图像下各有各的形状特点以及颜色特点。

图7—1和图7—2分别是一些典型违禁品的实际图像和双能量材质图像。从中可见对于菜刀、匕首、改锥、剪刀等金属材质都是显示蓝色调。鞭炮、爆竹显示绿色调。爆竹中间是黑火药，所以在中部显示绿色，爆竹的纸管是有机材质，因此显示为橙色。玩具手枪以及改锥的把柄和剪刀的把手是塑料的显示为黄绿色。需要注意的是，丁烷气罐和矿泉水都是橙色的，而空气清新剂则是绿色的。对于打火机的辨认主要是看火头上的形状和色泽。火头周围是一层金属因而是蓝色的，打火机机身是橙色的。

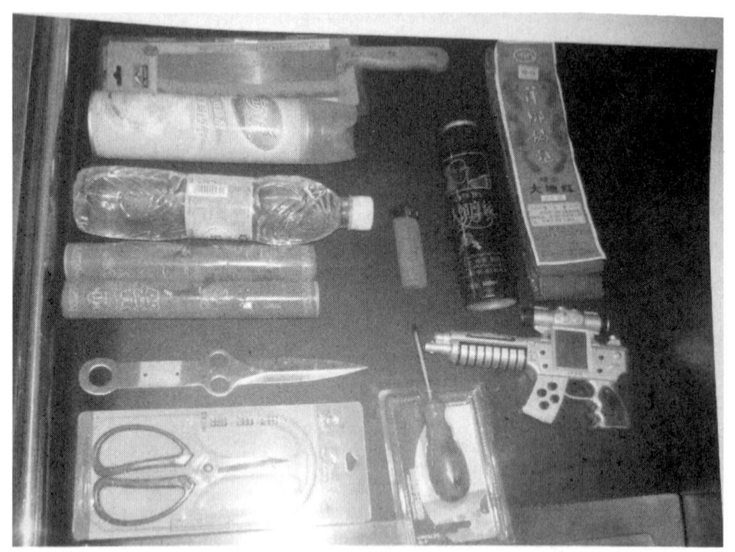

图7—1

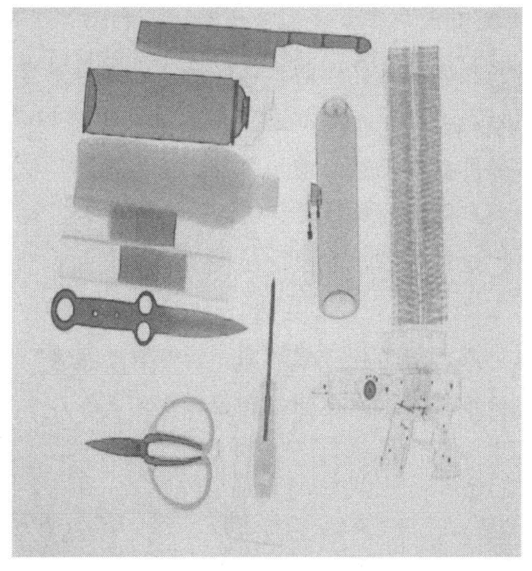

图 7—2

请注意图 7—3 中的两袋粉末状的物品。一袋是食盐，另外一袋是白砂糖。白砂糖是有机物所以显示橙红色，食盐是无机物所以显示的是蓝色。不能武断地说凡是蓝色的就是金属。通常情况下，毒品以及爆炸物都是有机材料居多的。

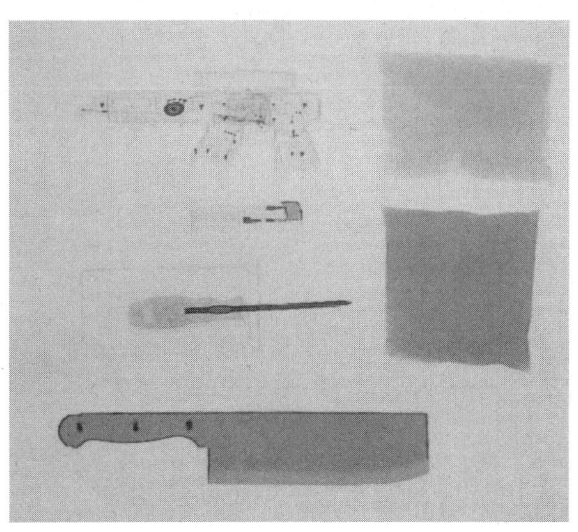

图 7—3

图7—4是实际工作中经常碰到的情形：各种物品无规则地叠加在一起。这就给图像判别带来了巨大的挑战。操作人员必须要对常见的违禁品的形状、颜色相当熟悉。经验的积累需要大量的观察和开包检测的结合。随着工作的逐步熟练，开包检查的次数也会大大减少。需要补充说明的是X射线安检设备也有固有的局限性。比如水、汽油、丁烷气体瓶，无法从颜色上进行区分。这就是民航安检的时候必须要求乘客喝一口待检查的液体的理由。目前X射线安检设备在原理上还无法突破上述局限，因此安检人员要谨慎对待那些所谓的“爆炸物、毒品自动报警”功能。这些功能往往存在非常大的误报率，在实际工作中意义不大。

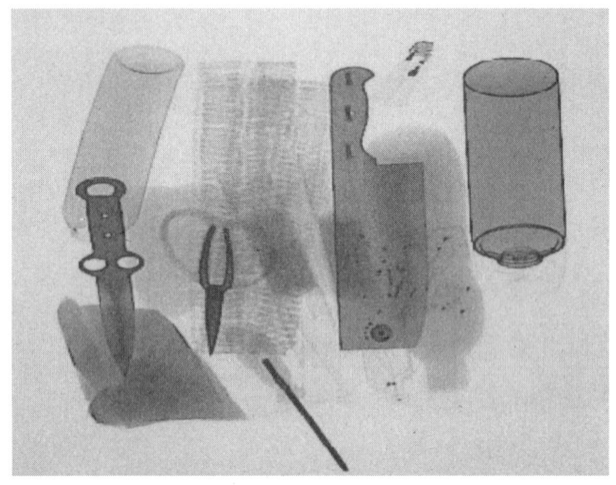

图7—4

第八章 X 射线机图像的识别

班前讲安全，思想绷根弦

班中讲安全，操作报平安

班后讲安全，警钟鸣不断

第一节　识别X射线机图像的主要方法

在实际的X射线机检查工作中，需灵活运用不同的图像识别方法。常见的识别方法有14种，但它们都并非完全独立，而是相互联系、互为补充的。

一、识别X射线机图像方法概述

X射线机操作员在识别一幅X射线机图像时应做到：

（1）从图像中间向周围进行识别。

（2）按照图像颜色的不同来进行识别。

（3）按照图像所呈现的层次来进行识别。

（4）结合图像识别法来辅助进行识别。

二、X射线机图像识别的重点及处理

（1）X射线机图像模糊不清无法判断物品性质的，应调整箱包角度重新通过X射线机检查。

（2）X射线机图像内发现疑似有电池、导线、钟表，粉末状、块状、液体状、枪弹状物及其他可疑物品的，应采用重点分析结合综合分析等方法。

（3）X射线机图像内发现有容器、仪表、瓷器等物品的，应在利用功能键辅助帮助分析的情况下进一步识别，如仍不能确定性质，应结合开箱（包）检查。

（4）X射线机图像内含有照相机、摄像机及笔记本电脑等电器，应仔细分析内部结构是否存在异常，如存在异常或不能判明性质的物质，应结合开箱（包）检查。

（5）如遇旅客声明不能用X射线机检查的物品时，应按相应规定或具体情况处理，在了解情况后，如可以采用X射线机进行检查时，应仔

细分析物品的内部结构是否存在异常。

三、识别 X 射线机图像的主要方法

（1）整体判读法：即由中间到四周整幅图像进行识别。观察图像的每个细节，判读图像中的物品是否相联系，有无电源、导线、定时装置、起爆装置和可疑物品。

（2）颜色分析法：即根据 X 射线机对物质颜色的定义，通过图像呈现的颜色来判断物品的性质。如书本是橙色的，裁纸刀片是蓝色的。

（3）形状分析法：即通过图像中物品的形状轮廓判断物品。有些物品虽然 X 射线穿透不过，但轮廓清晰，可直接判断其性质。如铜制手铐虽然 X 射线穿透不过，但其形状轮廓非常明显。

（4）功能键分析法：即充分利用功能键的分析功能对图像进行综合分析比较。图像加亮键能识别颜色较深的图像；图像加暗键能识别颜色较浅的图像；有机物无机物剔除键能判断物品的性质。

（5）重点分析法：即抓住图像中难以判明性质、射线穿透不过的物品及有疑点的地方进行重点分析。主要针对电器、电池、容器的检查。

（6）对称分析法：即根据图像中箱包结构特点找对称点，主要针对箱包结构中不对称的点状物体或线状物进行分析比较，发现可疑物品。如拉杆箱中的拉杆和和拉杆中的定位扣。

（7）共性分析法：即举一反三，抓住某个物品的结构特征来推断其他同类物品。如打火机一般有液体打火机和气体打火机，都可通过其点火装置的特征来判断。

（8）特征分析法：即结构分析法，抓住某个物品的结构中的一些特征进行判断。如电动剃须刀内含有马达、剃须刀头或电池等物品。

（9）联想分析法：即通过图像中一个可判明的物品来推断另一个物品。如图像中识别出水果，其旁边可能会有水果刀等利器类物品。

（10）观察分析法：即通过观察旅客性别、年龄、着装、表情等信息来判断其所携带物品。如发现旅客神情紧张、眼神慌乱或着装不符合季节等情况，X 射线机操作员必须仔细识别其所带行李物品。

（11）常规分析法：即图像中显示的物品违反常规。如图像中形状、

颜色与常见物品图像有较大区别的物品。

(12) 排除法：即排除已经判定的物品，其他物品需要重点分析检查。如将图像中已经确认的安全物品（手机、充电器、硬币等）排除，剩下的图像进行重点分析。

(13) 角度分析法：即联想物品各种角度的图像特征加以分析判断。如管制刀具图像正放角度特征比较明显，而直放角度相对不明显。

(14) 综合分析法：即利用上述方法中的几种同时对图像进行分析识别。如识别手提电脑时，可使用重点分析法、联想分析法、特征分析法等进行识别。

四、综合识别 X 射线机图像的两种方法

1. 由深至浅法

由深至浅法是利用 14 种识别方法进行综合识别 X 射线机图像的方法，对图像按颜色由深至浅、形状由大至小和区域由里到外的顺序进行综合识别的一种方法。

(1) 第一步，观察 X 射线机图像颜色最深的部分，利用整体判读法、特征分析法和功能键分析法等先排除颜色深的非违禁品，剩下的图像用重点分析法和特征分析法判断是否有违禁品，这些图像中可能藏匿电击器、警鞭、手铐、民族刀等违禁物品。

如图 8-1：

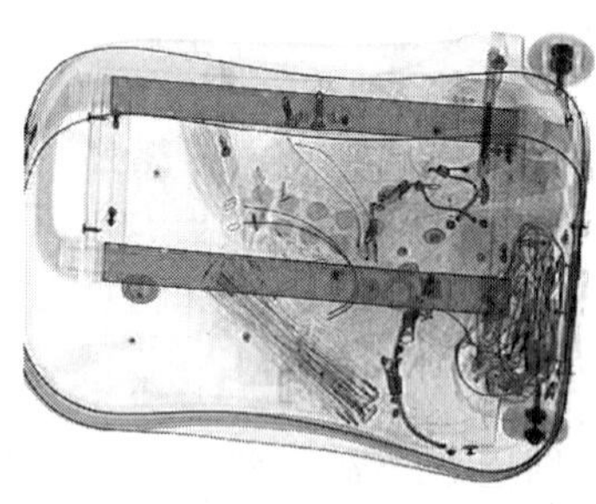

图 8-1

①图像右下方的蓝色团状物体通过形状分析法判断其没有违禁物品的

明显特征，但须经过开箱检查予以确认。

②图像下方中部的蓝绿色物体通过特征分析法判断是雨伞，通过联想分析法可判断雨伞下方是一些衣物。

③图像上侧的两条蓝色条状物体通过对称分析法判断是两根金属拉杆。

④图像右侧上方有一个弹簧，通过特征分析法判定是一支被改装过的笔形发射器。

如图 8-2：

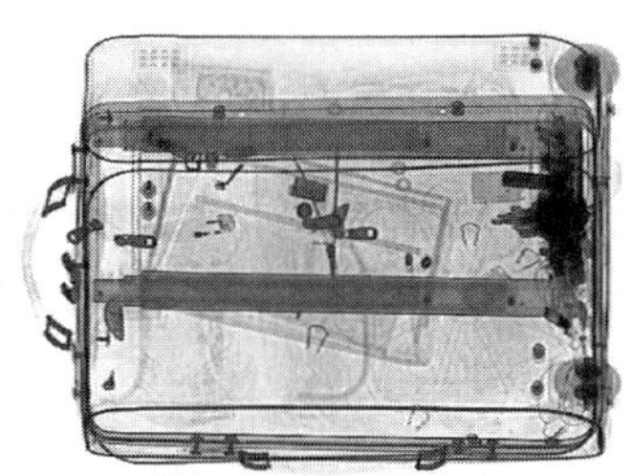

图 8-2

①图像右侧的蓝黑色金属物体通过形状分析法判定是钥匙，必须经过开箱确认其内部没有藏匿违禁物品。

②图像上侧的两条蓝色条状物体通过对称分析法判断是两根金属拉杆。

③图像右侧两根金属拉杆中间的两条平行的一长一短的黑色线状物体通过特征分析法判断是打火机。

④图像中下方一条的金属拉杆右侧的一个黑色点状物品，通过特征分析法判断是子弹。

(2) 第二步，观察 X 射线机图像所有分散的颜色较深的部分（特别是点状、线状和小块状），利用对称分析法、特征分析法和形状分析法等来判断，这些图像可能是子弹、雷管、拉火管、烟火等违禁品。

如图 8-3：

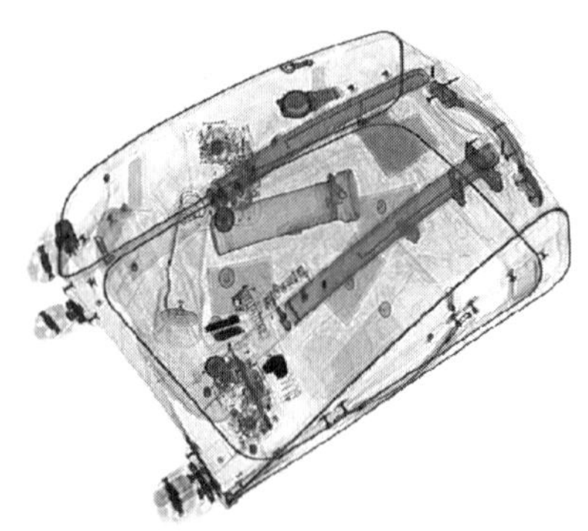

图 8—3

①图像右上侧的黑色物体通过形状分析法和特征分析法判断是手表。

②图像中部蓝色圆柱体通过形状分析法判断是手电筒，圆柱体后面橙色圆柱形物品通过特征分析法判断为手电筒。

③图像左侧绿色物品通过形状分析法判断为一双鞋。

④图像下侧的黑色金属条和弹簧通过特征分析法判断为仿真枪。

如图 8—4：

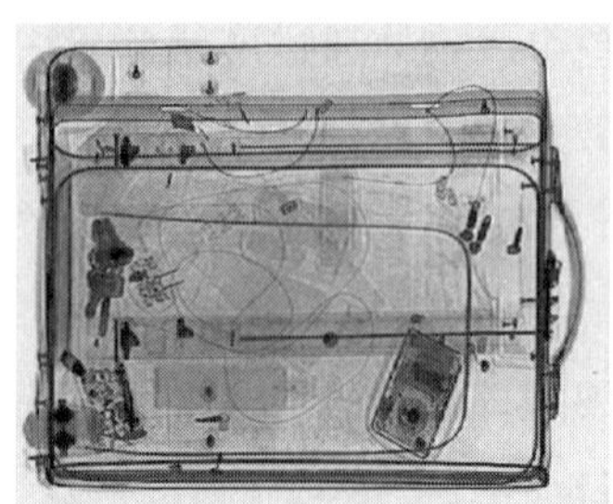

图 8—4

①图像右侧的蓝色物品通过形状分析法和特征分析法判断为钥匙，旁边为一个充电器。

②图像中橙色物品通过形状分析法及联想分析法判断为化妆品。

③图像右侧蓝色物体通过形状分析法判断为数码相机。

④图像右下角蓝黑色物品通过形状分析法判断为子弹。

(3) 第三步，观察 X 射线机图像内浅色部分，即有机物（呈黄色至浅黄色）。利用常规分析法、特征分析法和角度分析法等判断是否为违禁物品，这些图像可能是炸药、导火索、导爆索、塑料仿真枪、催泪瓦斯等违禁物品。

如图 8—5：

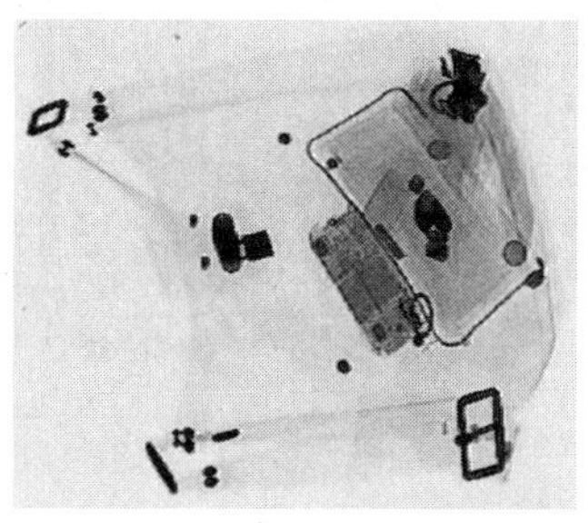

图 8—5

①图像中部的绿色物体通过形状分析法和颜色分析法判断是一个手机。

②图像中橙色长方形物品通过形状分析法及联想分析法判断是女士钱包。

③图像右上角绿色物品，通过联想分析法和颜色分析法判断为钥匙包。

④图像中，钱包重叠部分的绿色瓶体状物品通过形状分析法和特征分析法判断为催泪瓦斯。

X 射线机操作员在现场检查工作中运用由深至浅法必须掌握各种旅客经常携带物品图像特征、各种行李箱包结构图像特征及各种违禁物品图像特征。如果检查到 X 射线机图像中没有块状颜色较深图像时，直接到第二步进行图像识别；如果图像中没有点状颜色较深图像时，直接到第三步进行图像识别。

2. 井字开机法

井字开机法是将被检物品通过 X 射线机后形成大小不同的图像划分成四个或九个区域，然后依次对每个区域内的图像进行识别，判断有无违禁物品。

（1）根据井字开机法，图 8—6 被分成四个区域进行识别，其中 1 号区域通过形状分析法和特征分析法判断是 T 形刀。

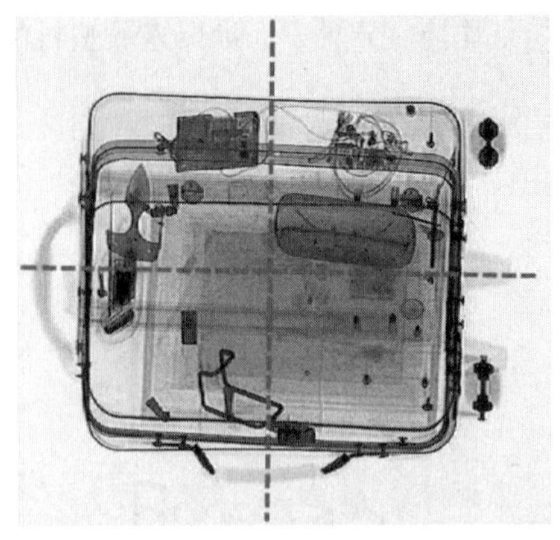

图 8-6

(2) 根据井字开机法，图 8-7 被分成 9 个区域进行识别，其中在 6 号区域通过特征分析法判断是爆炸装置。

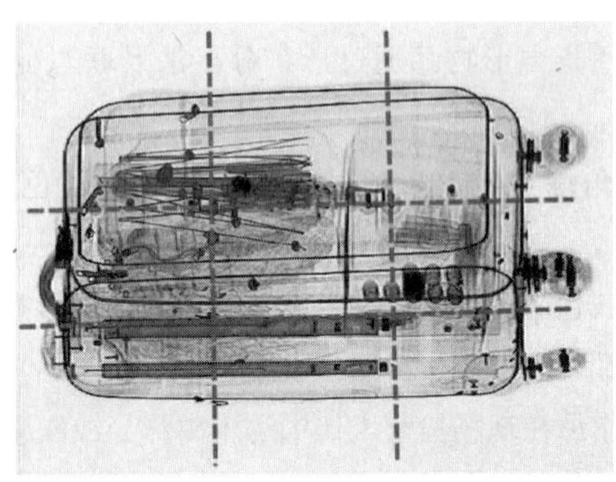

图 8-7

X 射线机操作员在现场检查工作中运用井字开机法可以弥补判图时易遗漏某些区域的缺点，同时有利于开箱（包）检查员直观掌握需要开箱（包）的区域，以提高检查的准确率和速度，最终提高安全检查效率。X 射线机操作员要灵活运用井字开机法，同时要求开箱（包）检查员也要掌握井字开机法，才能发挥该方法的作用。

第二节　常见违禁物品的图像特征

一、枪支弹药类的X射线机图像基本特征

1. 枪支

枪支一般由金属或塑料材质制成，金属枪图像轮廓明显且颜色较深，正放、直放或斜放图像都可通过结构和外观特征识别，如握柄、枪管、护环和准星等。塑料枪材质密度较小，其图像颜色较浅且轮廓不明显。正放图像可通过轮廓和内部金属特征来识别，如螺旋形弹簧、金属铁块、金属螺丝和铁丝等；直放图像可通过外形和内部特征识别，如螺丝、弹簧等；斜放时根据摆放角度不同，呈现的图像形状各异，但仍能看到金属螺丝、弹簧等，如表8－1所示。

表8－1　枪支的X射线机图像特征

实物图	正放	直放	斜放
	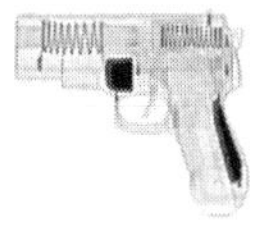		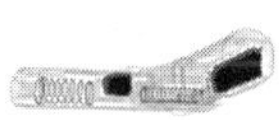

2. 普通子弹

普通子弹正放图像轮廓明显，弹头呈黑色，形状为尖头或圆头，弹壳呈蓝色，弹壳底部呈较粗直线状；直放图像呈黑色圆形，可利用图像加亮键识别；斜放图像呈圆锥状，综合其外观结构特征较易辨别，如表8－2。识别普通子弹可寻找图像中最黑点，利用结构及比例大小特征来综合识别。

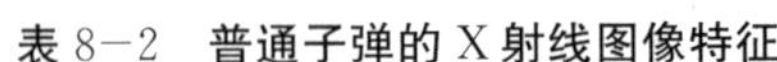

表 8-2 普通子弹的 X 射线图像特征

实物图	正放	直放	斜放

3. 散弹

散弹与普通子弹区别较大，外观可看到红色或蓝色塑料弹壳和银色底部。由于弹壳为塑料材质所以在图像中不明显，正放图像弹头呈黑色块状，中间火药呈淡黄色，底部呈绿色；直放图像弹头呈黑色圆形，弹头外部有绿色圆环；斜放图像呈圆柱状，弹头呈黑色长条形，边缘可见颗粒状钢珠，底部呈绿色圆形，其圆心是底火部分，如表 8-3 所示。

表 8-3 散弹的 X 射线机图像特征

实物图	正放	直放	斜放

二、军用、警用械具类 X 射线机图像基本特征

1. 电击器

电击器外形一般为长方体或圆柱体，尺寸有大有小，外壳一般都由塑料制成。正放图像可看到蓝色电池、升压装置及黑色电击点或电击环；直放图像可通过黑色圆环状电击点或点状电击点识别，两者中间图像颜色大部分呈黑色；斜放图像可通过电池、升压装置和电击点的部分特征识别，如表 8-4 所示。X 射线机操作员在图像识别过程中应特别注意某些小电器与电击器的区别，如电动剃须刀、数码相机、收音机等。

表 8—4 电击器的 X 射线机图像特征

实物图	正放	直放	斜放
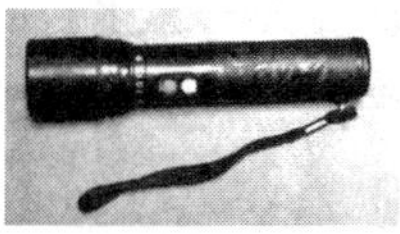			
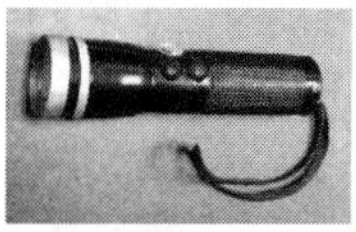			
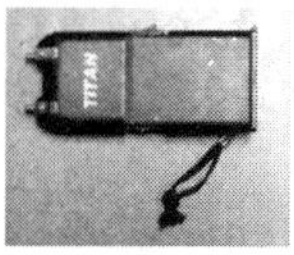			

2. 手铐和拇指铐

手铐和拇指铐外观呈银色或黄色，结构主要由扣环和锁头组成。正放图像容易识别；直放图像，手铐扣环和锁头呈两条黑色直线，中间由圆环相连，扣环有间隙；拇指铐呈一条黑色直线，扣环有间隙。斜放图像，手铐较易识别，拇指铐与金属柄折叠刀图像相似，但两端都有间隙，如表 8—5 所示。

表 8—5 手铐和拇指铐的 X 射线机图像特征

实物图	正放	直放	斜放
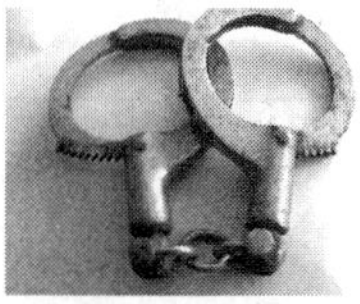			
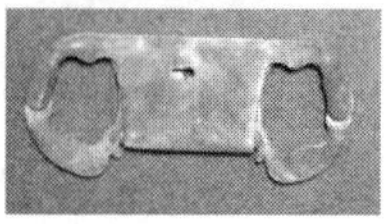			

3. 催泪瓦斯

催泪瓦斯外观为圆柱状瓶体，一般由铝制成，尺寸各异。正放图像可通过淡绿色瓶体和瓶口中心绿色金属喷头识别；大瓶催泪瓦斯瓶口有蓝色

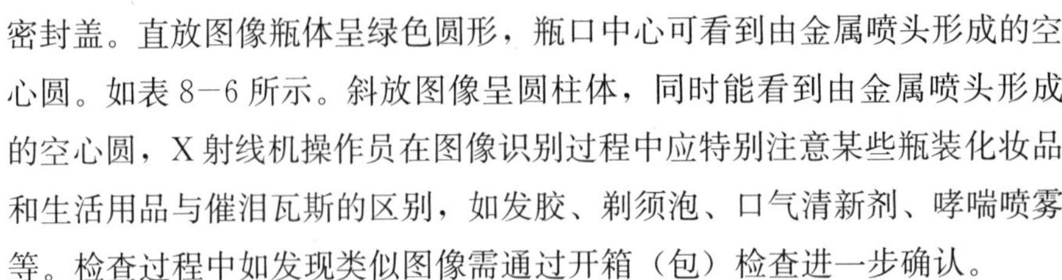

密封盖。直放图像瓶体呈绿色圆形，瓶口中心可看到由金属喷头形成的空心圆。如表 8－6 所示。斜放图像呈圆柱体，同时能看到由金属喷头形成的空心圆，X 射线机操作员在图像识别过程中应特别注意某些瓶装化妆品和生活用品与催泪瓦斯的区别，如发胶、剃须泡、口气清新剂、哮喘喷雾等。检查过程中如发现类似图像需通过开箱（包）检查进一步确认。

表 8－6　催泪瓦斯的 X 射线机图像特征

实物图	正放	直放	斜放

4. 警鞭

警鞭外观一般为黑色圆柱体，由金属或橡胶制成，有伸缩式和非伸缩式两种。金属伸缩式警鞭正放图像轮廓明显且颜色较深，容易识别。直放图像呈黑色不规则圆形。斜放图像呈黑色圆柱体，较易识别，如表 8－7 所示。

表 8－7　警鞭的 X 射线机图像特征

实物图	正放	直放	斜放

三、管制刀具的 X 射线机图像特征

1. 匕首

匕首刀身由金属制成，刀柄由金属或其他材质制成，一般都带有金属或其他材质的刀鞘。正放图像能看到蓝色刀身和黑色刀柄，容易识别。直放图像刀身呈黑色线状，刀柄根据材质不同呈黑色或黄色块状。斜放图像根据实际摆放角度不同形状各异，但仍能看到刀身和刀柄的特征，如表 8－8 所示。

表 8−8　匕首的 X 射线机图像特征

实物图	正放	直放	斜放

2. 跳刀

跳刀由金属或其他材质制成，刀身位于刀柄内部。正放图像能看到蓝色刀柄和刀身及黑色点状开关。直放图像能看到若干黑线，同时能看到黑色铆钉和点状开关。斜放图像根据实际摆放角度不同形状各异，但仍能看到刀柄的特征，如表 8−9 所示。

表 8−9　跳刀的 X 射线机图像特征

实物图	正放	直放	斜放

3. 三棱刀

三棱刀由金属刀身和木质刀柄组成，刀身上有三条刀刃。正放图像刀身呈蓝色，中间第三条刀刃因直放角度呈黑色线，刀柄呈黄色。直放图像刀身颜色较深。斜放图像与正放图像相似，如表 8−10 所示。

表 8－10　三棱刀的 X 射线机图像特征

实物图	正放	直放	斜放

四、爆炸物品类

1. 电雷管

铜壳电雷管管体外观为黄色细长条圆柱体，管体尾部有压痕并与电线相连。正放图像管体呈蓝色长方形，铜壳电雷管内部有黑色加强帽，直放图像呈黑色点状，有绿色电线与之相连。斜放图像与直放图像相似。

纸壳电雷管管体外观为黄色细长条圆柱体，管体尾部有金属压条并与电线相连。正放图像管体呈极淡的黄色，内部加强帽呈黑色块状，头部炸药呈黄色，尾部有蓝色金属压条与电线相连。直放图像呈黑色点状，金属压条呈蓝色圆形，与电线相连，斜放图像与正放图像相似，如表 8－11 所示。

表 8－11　电雷管的 X 射线机图像特征

实物图	正放	直放	斜放

2. 导火索和导爆索

导火索外观为白色绳索状。正放、直放和斜放图像呈淡绿色线状。导爆索外观为红色绳索状。正放、直放和斜放图像呈淡黄色线状，如表 8－12 所示。

X 射线机操作员在图像识别过程中应特别注意导火索、导爆索和电线之间的区别，电线一般为绿色或蓝色且较细，绝大部分电线都有与之相连的电器，如有线鼠标、电吹风、各类充电器等。

表 8－12　导火索和导爆索的 X 射线机图像特征

实物图	正放	直放	斜放

3. 鞭炮

鞭炮可分为大鞭炮和小鞭炮，其形状各不相同。正放图像呈绿色，鞭炮间有细小间隙。直放时鞭炮呈连续深绿色点状。斜放图像呈深绿色不规则形状，如表 8－13 所示。

表 8－13　鞭炮的 X 射线机图像特征

实物图	正放	直放	斜放
	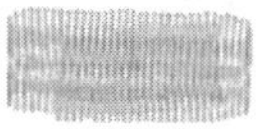		

五、利器、钝器的 X 射线机图像基本特征

1. 裁纸刀

裁纸刀的外壳根据材质可分为金属和塑料两种。正放时，塑料外壳裁纸刀能看到蓝色平行四边形刀片及尾部圆孔，金属外壳裁纸刀图像不明显，但能看到特殊形状的外壳。直放时，刀片或外壳呈黑色细线。斜放图像根据实际摆放角度不同形状各异，但仍能看到刀片或外壳的特征。

整合裁纸刀片正放图像塑料盒呈淡蓝色，刀片呈深蓝色平行四边形，尾部有圆孔。直放图像盒子边缘呈黄色，刀片呈黑色细线。斜放图像与直放图像相似，如表 8－14 所示。

表 8-14 裁纸刀的 X 射线机图像特征

实物图	正放	直放	斜放

2. 剪刀

剪刀刀身由金属制成，刀柄由塑料或其他材质制成。正放图像刀身呈蓝色，轮廓明显，刀柄呈黄色，较易识别；直放图像刀身呈黑色线状，刀身末端有凸出的黑色铆钉，刀柄呈深黄色。斜放图像根据实际摆放角度不同形状各异，但仍能看到刀身特征，如表 8-15 所示。

表 8-15 剪刀的 X 射线机图像特征

实物图	正放	直放	斜放

3. 铁锤

铁锤头部由金属制成，锤柄由木材或其他材质制成。正放、直放及斜放的锤头图像轮廓特征非常明显，极易识别，木质锤柄呈黄色，如表 8-16 所示。

表 8-16 铁锤的 X 射线机图像特征

实物图	正放	直放	斜放

第三节　常见违禁物品的基本知识

一、枪支弹药

1. 枪支的种类

(1) 按口径分类：分为小口径枪、大口径枪和普通口径枪。口径小于 6 mm 的称为小口径枪；口径大于 12 mm 的称为大口径枪；口径为 6～12 mm 的称为普通口径枪。

(2) 按用途分类：分为军（警）用枪械和民用枪械两大类。军（警）用枪械包括军用手枪、步枪、冲锋枪、机枪、防暴枪。民用枪包括气枪、猎枪、运动枪、麻醉注射枪、发令枪、样品枪、道具枪，另外还有钢珠枪、催泪枪、电击枪、微型防卫器以及上述物品的仿制品。

①制式手枪

手枪是一种单手握持瞄准射击或本能射击的短枪管武器。手枪的基本特点是：交换保险、枪弹上膛、更换弹匣方便，结构紧凑，自动方式简单。军用手枪主要有自卫手枪和冲锋手枪。自卫手枪射程一般为 50 米，弹匣容量 8 至 15 发，发射方式为单发，重量在 1 公斤左右。冲锋手枪亦叫战斗手枪，全自动，一般配有分离式枪托，弹匣容量 10 至 20 发，平时可当冲锋枪使用，有效射程可达 100～150 米。现代手枪主要有左轮手枪、自动手枪（实际是半自动手枪）、全自动手枪三种类型。

我国的军队和公、检、法、司等部门大部分配备 54、59、64、77 式手枪，另外还有为基层军官配备的大威力全自动 80 式冲锋手枪，专门为特种兵及侦察兵配备的 91 式匕首手枪，为各种警卫、保卫人员配备使用的 84 式特种微型手枪，又称“反劫机手枪”，及中国第一代小口径战斗手枪 92 式手枪，目前在北京、上海等部分公安系统进行了警用配备。

②制式步枪

步枪、来复枪是指有膛线（又称来复线）的长枪，单兵肩射的长管枪

械。主要用于发射枪弹，杀伤暴露的有生目标，有效射程一般为400米，也可用刺刀、枪托格斗，有的还可发射枪榴弹，具有点面杀伤和反装甲能力。步枪按自动化程度分为非自动、半自动和全自动3种，现代步枪多为自动步枪。步枪按用途分为普通枪、骑枪（卡宾枪）、突击步枪和狙击步枪。

我国配备的步枪有56式自动步枪，56式半自动步枪，63、81式自动步枪及将会取代81式成为现役标准装备的新款95式和03式自动步枪。我国主要装备的狙击步枪有79、86、88、99式。

③民用枪

民用枪械包括气枪、猎枪、运动枪、麻醉注射枪、发令枪、样品枪、道具枪，另外还有钢珠枪、催泪枪、电击枪、微型防卫器以及上述物品的仿制品和外形似真枪的玩具枪。包括其他通过爆炸或压缩气体而发射带有金属弹丸并具有一定杀伤力的武器、器材等。

④国外非制式枪

国外非制式枪包括手杖枪、天线枪、螺栓枪、钥匙链式微型手枪等。此类非制式枪外表和普通生活物品类似，但经过改装，具备击发机和扳机，可发射子弹。

2. 枪支的基本结构

大部分制式手枪基本由枪管、套筒、套筒座、复进簧、击发机、弹匣和瞄准装置、刺刀等11部分组成。枪支分解后便于隐藏且难以辨认，需要安检人员熟悉和掌握制式枪支各部件的特点及其在X射线机屏幕上显示图像的形状、尺寸、密度、色彩等，才能更有效地实施检查，充分发挥X射线机的作用。

3. 子弹的种类

(1) 按弹头用途分为：普通弹和特种弹头。特种弹头中又有曳光弹、穿甲弹、燃烧弹、顺爆弹等。

(2) 按配用武器分为：手枪弹、步枪弹、大口径枪弹、其他枪弹（供射击比赛、射击运动、防暴等武器发射使用）。

(3) 按用途分为：战斗弹、空包弹、教练弹。

枪弹弹头的性能用途可根据弹头上的不同色标来辨别，如曳光弹为绿色，燃烧弹为红色、顺爆弹为白色。

（4）子弹的基本结构

制式子弹由弹头、弹壳、底火和发射药组成。发射时底火受到撞针撞击后燃烧，点燃发射药，发射药燃烧产生气体将弹头推出。

二、警械具类

警械是指警察按照规定装备的警棍、催泪弹、高压水枪、特种防暴枪、手铐、脚镣、警绳、警用瓦斯等警用器械。警械是警察履行职责时依法所使用的专门器械，是保障警察履行职责的一种基本装备。

1. 电击器

电击器是一种瞬间即可产生高强度电流的器械，接触皮肤后可使人短时间丧失反抗能力。

电击器的基本结构包括电源、升压装置、金属触头。

2. 催泪瓦斯

催泪瓦斯一般由刺激剂和溶剂等成分组成，外观呈圆柱状瓶体，由铝制成，尺寸各异。催泪瓦斯可刺激人的眼、耳、鼻、喉，使人产生流泪、咳嗽、打喷嚏等症状。

三、爆炸物品类

1. 雷管

雷管是管壳内装有炸药的一种火工品，为传爆序列中的一个元件，输出爆炸冲能，用来引爆其后的猛炸药装置，也可使火药或烟火药爆燃，或利用其输出的爆轰能量直接做功。

（1）雷管的分类。

①按用途分为：引信雷管、工业雷管、特种雷管。

②按激发能种类分为：电雷管、非电雷管。

③非电雷管又按输出能量的不同分为：火雷管、导爆管雷管、化学雷管和激发雷管。

④电雷管按作用时间分为：瞬发雷管和延期雷管。

（2）雷管的基本构造。

雷管主要由管壳、装药和加强帽三部分组成。

2. 导火索

导火索是以黑火药为药芯，以棉线、纸条、沥青防潮剂等材料所组成的圆索状点火器材，表层外观为白色包线和米黄色的外层纸，外径一般为5.2~5.8毫米，燃速通常为每秒1厘米，通常用火柴或拉火管点燃，用于手榴弹或地雷等爆炸物品内作为延期的部件。

3. 导爆索

普通导爆索用黑索金做药芯，以棉麻纤维及导火索纸为包缠物，以沥青和涂料为防潮剂制成的起爆器材。外形与导火索相似，但外观为红色、绿色或两条红螺旋形线，通常外径为5.2~6.2毫米，是起爆装药的高速起爆器材，本身需其他起爆器材（如雷管）引爆，爆速为6500米/秒。导爆索不吸湿，在水中浸泡二十四小时也不影响传爆。

四、炸药

1. 雷汞

雷汞化学名称是雷汞酸。外观为白色或灰色的结晶体（灰色含杂质，但爆炸性能相似），难溶于水，是起爆药中感度最大的一种，遇轻微的冲击、摩擦、火花、火焰影响都能引发爆炸。装有雷汞的雷管外壳用铜或纸，而不用其他金属制作。雷汞有甜的金属味，有毒，其毒性与金属汞相似。销毁方法是戴好防毒面具和手套，充分浸湿后在不断搅拌下加入20%~25%的硝酸钠使其完全溶解。

2. TNT

TNT属于芳香族硝基化合物，由甲苯用硝硫混酸分段硝化而制得，外观为淡黄色或黄褐色结晶体，受阳光照射后，颜色变暗，撞击感度也提高。常见的TNT有块状、鳞片状和柱状三种。常温下对酸稳定，对碱敏感。可以长期储存，一般条件下遇火燃烧产生黑烟，带苦杏仁味，但不爆炸，对冲击摩擦感度迟钝，枪弹贯穿一般不燃烧也不爆炸，有毒。对少量的TNT炸药可用火燃烧的方法进行销毁。

3. 硝胺炸药

硝胺炸药以硝酸铵为主要成分的混合炸药。外观常为浅黄色或灰白色。纯硝酸铵为无色结晶，工业品中常带有淡黄色。吸湿性很大。易溶于水，易结块。常用沥青和石蜡为防潮剂。在注装硝胺炸药时，通常用铝做工具器材。硝酸铵是强氧化剂。硝酸铵—尿素溶液可形成爆炸混合物。硝胺炸药有毒，腐蚀性很强。

4. 塑性炸药

塑性炸药的种类很多，如塑性1、2、4炸药（在国际上通常以“C族炸药”作代称）。它是以黑索金为主要成分，与非爆炸性的黏合剂、增塑剂混合而成。塑性炸药为白色或略带黄色，稀释性小，具有良好的可塑性。炸速极快，威力相当TNT当量的112%~123%。塑性炸药的摩擦感度比TNT灵敏，但枪弹贯穿不爆炸、不燃烧，在−40~60℃时可用8号雷管直接起爆，可以捏成不同形状使用，便于伪装。正是由于它的这些特性而被恐怖分子广为使用。

5. 黑火药

黑火药也称黑药或黑色药。由硝石（硝酸钾）、硫黄（既是黏合剂又是可燃剂）和木炭按一定比例组成的机械混合物，是一种弱性炸药。在燃烧时产生大量的烟，故亦称烟火药。具有较大的吸湿能力，含水量超过5%就完全失去引燃能力，主要用于制造导火索，各种枪炮发射药引信、延期药、火工品等。

6. 黑索金

黑索金也称为“旋风炸药”，也属于猛炸药。形状为白色结晶粉末，无臭无味，有毒。遇明火、高温、撞击、震动及摩擦便可引起燃烧爆炸的危险。吸入其粉末量过多或长期接触，能引起中毒。对少量的可采用加热分解来对其销毁。

7. 液体炸弹

液体炸药可分为单质液体炸药和混合液体炸药两种。液体炸药按成分不同，又分为很多种。早期的液体炸药是由62.6%硝酸、24.4%硝基苯及13%水组成，具有良好的爆轰特性。液体炸药一般具有良好的能量特性、流动特性、安全特性及使用特性。该炸药特别适用于野外流动作业及海洋工程作业，在军用、民用工程爆破及特殊工程爆破中也得到了广泛应用。

附录一　关于制止危害民用航空安全的非法行为的公约

（1971 年 9 月 23 日订于蒙特利尔　1973 年 1 月 26 日生效）

本公约各缔约国

考虑到危害民用航空安全的非法行为危及人身和财产的安全，严重影响航班的经营，并损害世界人民对民用航空安全的信任；

考虑到发生这些行为是令人严重关切的事情；

考虑到为了防止这类行为，迫切需要规定适当的措施以惩罚罪犯；

协议如下：

第一条

一、任何人如果非法地和故意地从事下述行为，即是犯有罪行：

（甲）对飞行中的航空器内的人从事暴力行为，如该行为将会危及该航空器的安全；或

（乙）破坏使用中的航空器或对该航空器造成损坏，使其不能飞行或将会危及其飞行安全；或

（丙）用任何方法在使用中的航空器内放置或使别人放置一种将会破坏该航空器或对其损坏使其不能飞行或对其造成损坏而将会危及其飞行安全的装置或物质；或

（丁）破坏或损坏航行设备或妨碍其工作，如任何此种行为将会危及飞行中航空器的安全；或

（戊）传送他明知是虚假的情报，从而危及飞行中的航空器的安全。

二、任何人如果他从事下述行为，也是犯有罪行：

（甲）企图犯本条第一款所指的任何罪行；或

（乙）是犯有或企图犯任何此种罪行的人的同犯。

第二条

在本公约中：

（甲）航空器从装载完毕、机舱外部各门均已关闭时起，直至打开任一机舱门以便卸载时为止，应被认为是在飞行中；航空器强迫降落时，在当局接管对该航空器及其所载人员和财产的责任前，应被认为仍在飞行中。

（乙）从地面人员或机组为某一特定飞行而对航空器进行飞行前的准备时起，直到降落后二十四小时止，该航空器应被认为是在使用中；在任何情况下，使用的期间应包括本条甲款所规定的航空器是在飞行中的整个时间。

第三条

各缔约国承允对第一条所指的罪行给予严厉惩罚。

第四条

一、本公约不适用于供军事、海关或警察用的航空器。

二、在第一条第一款（甲）、（乙）、（丙）和（戊）各项所指情况下，不论航空器是从事国际飞行或国内飞行，本公约均应适用，只要：

（甲）航空器的实际或预定起飞或降落地点是在该航空器登记国领土以外；或

（乙）罪行是在该航空器登记国以外的一国领土内发生的。

三、尽管有本条第二款的规定，在第一条第一款（甲）、（乙）、（丙）和（戊）项所指情况下，如罪犯或被指称的罪犯是在该航空器登记国以外的一国领土内被发现，则本公约也应适用。

四、关于第九条所指的各国，在第一条第一款（甲）、（乙）、（丙）和（戊）项所指的情况下，如本条第二款（甲）项所指地点处于同一国家的领土内，而这一国家又是第九条所指国家之一，则本公约不应适用，除非罪行是在该国以外的一国领土内发生或罪犯或被指称的罪犯是在该国以外的一国领土内被发现。

五、在第一条第一款（丁）项所指的情况下，只有在航行设备是用于

国际航行时，本公约才适用。

六、本条第二、三、四和五款的规定，也适用于第一条第二款所指的情况。

第五条

一、在下列情况下，各缔约国应采取必要措施，对罪行实施管辖权：

（甲）罪行是在该国领土内发生的；

（乙）罪行是针对在该国登记的航空器，或在该航空器内发生的；

（丙）在其内发生犯罪行为的航空器在该国降落时被指称的罪犯仍在航空器内；

（丁）罪行是针对租来时不带机组的航空器，或是在该航空器内发生的，而承租人的主要营业地，或如承租人没有这种营业地，则其永久居所，是在该国。

二、当被指称的罪犯在缔约国领土内，而该国未按第八条的规定将此人引渡给本条第一款所指的任一国家，该缔约国应同样采取必要措施，对第一条第一款（甲）、（乙）和（丙）项所指的罪行，以及对第一条第二款所列与这些款项有关的罪行实施管辖权。

三、本公约不排斥根据本国法行使任何刑事管辖权。

第六条

一、罪犯或被指称的罪犯所在的任一缔约国在判明情况有此需要时，应将该人拘留或采取其他措施以保证该人留在境内，这种拘留和其他措施应符合该国的法律规定，但是只有在为了提出刑事诉讼或引渡程序所必要的期间内，才可继续保持这些措施。

二、该国应立即对事实进行初步调查。

三、对根据本条第一款予以拘留的任何人，应向其提供协助，以便其立即与其本国最近的合格代表联系。

四、当一国根据本条规定将某人拘留时，它应将拘留该人和应予拘留的情况立即通知第五条第一款所指国家和被拘留人的国籍所属国，如果认为适当，并通知其他有关国家。按照本条第二款规定进行初步调查的国家，应尽速将调查结果通知上述各国，并说明它是否意欲行使管辖权。

第七条

在其境内发现被指称的罪犯的缔约国，如不将此人引渡，则不论罪行是否在其境内发生，应无例外地将此案件提交其主管当局以便起诉。该当局按照本国法律，以对待任何严重性质的普通罪行案件的同样方式作出决定。

第八条

一、前述罪行应看作是包括在缔约各国间现有引渡条约中的一种可引渡的罪行。缔约各国承允将此种罪行作为一种可引渡的罪行列入它们之间将要缔结的每一项引渡条约中。

二、如一缔约国规定只有在订有引渡条约的条件下才可以引渡，而当该缔约国接到未与其订有引渡条约的另一缔约国的引渡要求时，可以自行决定认为本公约是对该罪行进行引渡的法律根据。引渡应遵照被要求国法律规定的其他条件。

三、缔约各国如没有规定只有在订有引渡条约下才可引渡，则在遵照被要求国法律规定的条件下，应承认上述罪行是它们之间可引渡的罪行。

四、为在缔约国各国之间引渡的目的，每一罪行应看作不仅是发生在所发生的地点，而且也是发生在根据第五条第一款（乙）、（丙）和（丁）项要求实施其管辖权的国家领土上。

第九条

如缔约各国成立航空运输联营组织或国际经营机构，而其使用的航空器需要进行联合登记或国际登记时，则这些缔约国应通过适当方法在它们之间为每一航空器指定一个国家，该国为本公约的目的，应行使管辖权并具有登记国的性质，并应将此项指定通知国际民用航空组织，由该组织将上述通知转告本公约所有缔约国。

第十条

一、缔约各国应根据国际法和本国法努力采取一切可能的措施，以防止发生第一条所指的罪行。

二、当由于发生了第一条所指的一种罪行，使飞行延误或中断，航空器、旅客或机组所在的任何缔约国应对旅客和机组继续其旅行尽速提供方便，并应将航空器和所载货物不迟延地交还给合法的所有人。

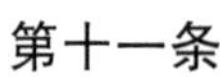

第十一条

一、缔约各国对上述罪行所提出的刑事诉讼，应相互给予最大程度的协助。在任何情况下，都应适用被要求国的法律。

二、本条第一款的规定，不应影响因任何其他双边或多边条约在刑事问题上全部地或部分地规定或将规定相互协助而承担义务。

第十二条　任何缔约国如有理由相信将要发生第一条所指的罪行之一时，应遵照其本国法向其认为是第五条第一款所指的国家，提供其所掌握的任何有关情况。

第十三条

一、每一缔约国应遵照其本国法尽快地向国际民用航空组织理事会就下列各项报告它所掌握的任何有关情况：

（甲）犯罪的情况；

（乙）根据第十条第二款采取的行动；

（丙）对罪犯或被称的罪犯所采取的措施，特别是任何引渡程序或其他法律程序的结果。

第十四条

一、如两个或几个缔约国之间对本公约的解释或应用发生争端而不能以谈判解决时，经其中一方的要求，应交付仲裁。如果在要求仲裁之日起六个月内，当事国对仲裁的组成不能达成协议，任何一方可按照国际法院规约，要求将争端提交国际法院。

二、每个国家在签字、批准或加入本公约时，可以声明该国不受前款规定的约束。其他缔约国对于任何作出这种保留的缔约国，也不受前款规定的约束。

三、按照前款规定作出保留的任何缔约国，可以在任何时候通知保存国政府撤销这一保留。

第十五条

一、本公约于1971年9月23日在蒙特利尔开放，听任1971年9月8日到23日在蒙特利尔举行的国际航空会议（以下称为蒙特利尔会议）的参加国签字。1971年10月10日后，本公约将在莫斯科、伦敦和华盛顿向所有国家开放签字。在本公约根据本条第三款开始生效前未在本公约上签字的任何国家，可在任何时候加入本公约。

二、本公约须经签字国批准。批准书和加入书应交存苏维埃社会主义共和国联盟，大不列颠及北爱尔兰联合王国以及美利坚合众国政府，这些政府被指定为保存国政府。

三、本公约应于参加蒙特利尔会议在本公约上签字的十个国家交存批准书后三十天生效。

四、对其他国家，本公约应于本条第三款规定生效之日，或在它们交存批准书或加入书后三十天生效，以两者中较晚的一个日期为准。

五、保存国政府应迅速将每一签字日期、每一批准书或加入书交存日期、本公约开始生效并日期以及其他通知事项通知所有签字国和加入国。

六、本公约一经生效，应由保存国政府根据联合国宪章第一百零二条和国际民用航空公约（1944 年芝加哥）第八十三条进行登记。

第十六条

一、任何缔约国可以书面通知保存国政府退出本公约。

二、退出应于保存国政府接到通知之日起六个月后生效。

下列签字的全权代表，经各自政府正式授权在本公约上签字，以资证明。

1971 年 9 月 23 日订于蒙特利尔，正本一式三份，每份都用英文、法文、俄文和西班牙文四种有效文本写成。

附录二　中国主要城市机场三字代码

省（区、市）	三字代码	机场所在地	机场名称
黑龙江省	HRB	哈尔滨市	太平国际机场
	NDG	齐齐哈尔市	三家子机场
	MDG	牡丹江市	海浪机场
	JMU	佳木斯市	东郊机场
	HEK	黑河市	黑河国际机场
	YLN	依兰县	依兰机场
	DQA	大庆市	萨尔图机场
吉林省	CGQ	长春市	龙嘉国际机场
	YNJ	延吉市	朝阳川国际机场
	JIL	吉林市	二台子机场
	TNH	通化市	通化机场
辽宁省	DLC	大连市	周水子国际机场
	SHE	沈阳市	桃仙国际机场
	SHE	沈阳市	东塔机场
	CHG	朝阳市	朝阳机场
	JNZ	锦州市	小岭子机场
	DDG	丹东市	浪头国际机场
	IOB	鞍山市	鞍山机场
	CNI	长海县	大长山岛机场
	XEN	兴城市	兴城机场

续表：附录二

省（区、市）	三字代码	机场所在地	机场名称
河北省	SHP	秦皇岛市	秦皇岛机场
	SHF	山海关区	山海关机场
	SJW	石家庄市	正定国际机场
	HDG	邯郸市	邯郸机场
河南省	CGO	郑州市	新郑国际机场
	LYA	洛阳市	北郊机场
	NNY	南阳市	姜营机场
	AYN	安阳市	安阳机场
山西省	TYN	太原市	武宿国际机场
	DAT	大同市	怀仁机场
	CIH	长治市	王村机场
山东省	TNA	济南市	遥墙国际机场
	WEH	威海市	大水泊机场
	TAO	青岛市	流亭国际机场
	WEF	潍坊市	文登机场
	YNT	烟台市	莱山机场
	LYI	临沂市	临沂机场
	TNB	济宁市	济宁机场
	DOY	东营市	永安机场
湖北省	WUH	武汉市	天河国际机场
	SHS	荆州市	沙市机场
	XFN	襄阳市	刘集机场
	YIH	宜昌市	三峡机场
	ENH	恩施市	许家坪机场

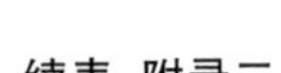
续表：附录二

省（区、市）	三字代码	机场所在地	机场名称
湖南省	DYG	张家界市	荷花机场
	CSX	长沙市	黄花国际机场
	CGD	常德市	桃花源机场
	HNY	衡阳市	衡阳机场
	HJJ	芷江县	芷江机场
	LLF	永州市	零陵机场
江西省	KHN	南昌市	昌北国际机场
	JIU	九江市	庐山机场
	JDZ	景德镇市	罗家机场
	KOW	赣州市	黄金机场
	JGS	井冈山市	井冈山机场
安徽省	TXN	黄山市	屯溪机场
	HFE	合肥市	骆岗机场
	AGG	安庆市	大龙山机场
	FUG	阜阳市	西关机场
	BFU	蚌埠市	蚌埠机场
浙江省	HGH	杭州市	萧山国际机场
	HSN	舟山市	普陀山机场
	NGB	宁波市	栎社国际机场
	WNZ	温州市	永强机场
	YIW	义乌市	义乌机场
	HYN	台州市	路桥机场
	JUZ	衢州市	衢州机场

续表：附录二

省（区、市）	三字代码	机场所在地	机场名称
江苏省	NKG	南京市	禄口国际机场
	WUX	无锡市	无锡机场
	XUZ	徐州市	观音机场
	LYG	连云港市	白塔埠机场
	YHZ	盐城市	盐城机场
	CZX	常州市	奔牛机场
	NTG	南通市	兴东机场
广东省	CAN	广州市	白云国际机场
	MXZ	梅州市	梅州机场
	ZUH	珠海市	三灶机场
	SWA	汕头市	外砂机场
	SZX	深圳市	宝安国际机场
广东省	ZHA	湛江市	湛江机场
	SHG	韶关市	韶关机场
	XIN	兴宁市	兴宁机场
福建省	WUS	武夷山市	武夷山机场
	XMN	厦门市	高崎国际机场
	FOC	福州市	长乐国际机场
	JIN	晋江市	泉州机场
	LCX	连城县	连城机场
海南省	HAK	海口市	美兰国际机场
	SYX	三亚市	凤凰国际机场

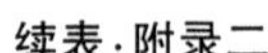

续表：附录二

省（区、市）	三字代码	机场所在地	机场名称
四川省	CTU	成都市	双流国际机场
	MIG	绵阳市	南郊机场
	YBP	宜宾市	莱坝机场
	LZO	泸州市	蓝田机场
	DAX	达州市	河市机场
	XTC	西昌市	青山机场
	NAO	南充市	都尉坝机场
	GHN	广汉市	广汉机场
	JZH	松潘县	九寨沟黄龙机场
	PZI	攀枝花市	保安营机场
贵州省	TEN	铜仁市	大兴机场
	KWE	贵阳市	龙洞堡国际机场
	ZYI	遵义市	遵义机场
	ACX	兴义市	兴义机场
	HZH	黎平县	黎平机场
	AVA	安顺市	黄果树机场
陕西省	SIA	西安市	西关机场
	XIY	咸阳市	咸阳国际机场
	ENY	延安市	二十里铺机场
	AKA	安康市	五里铺机场
	UYN	榆林市	西沙机场
	HZG	汉中市	汉中西关机场
甘肃省	LHW	兰州市	中川机场
	DNH	敦煌市	敦煌机场
	JGN	嘉峪关市	嘉峪关机场
	IQN	庆阳市	西峰镇机场
	CHW	酒泉市	酒泉机场
青海省	XNN	西宁市	曹家堡机场
	GQQ	格尔木市	格尔木机场

续表:附录二

省（区、市）	三字代码	机场所在地	机场名称
云南省	KMG	昆明市	巫家坝国际机场
	LJG	丽江市	丽江机场
	JHG	西双版纳州	景洪机场
	LNJ	临沧市	临沧机场
	DLU	大理市	大理机场
	LUM	芒市	芒市机场
	DIG	迪庆州	迪庆机场
	SYM	普洱市	普洱机场
	ZAT	昭通市	昭通机场
	BSD	保山市	保山机场
	YUA	元谋县	元谋机场
广西壮族自治区	NNG	南宁市	吴圩机场
	KWL	桂林市	两江国际机场
	BHY	北海市	福城机场
	LZH	柳州市	白莲机场
	YUZ	梧州市	长洲岛机场
宁夏回族自治区	INC	银川市	河东机场
	GYU	固原市	固原六盘山机场
	ZHY	中卫市	中卫香山机场

续表：附录二

省（区、市）	三字代码	机场所在地	机场名称
新疆维吾尔自治区	URC	乌鲁木齐市	地窝铺机场
	HTN	和田市	和田机场
	YIN	伊宁市	伊宁机场
	KRY	克拉玛依市	克拉玛依机场
	TCG	塔城市	塔城机场
	KHG	喀什市	喀什机场
	AAT	阿勒泰市	阿勒泰机场
	AKU	阿克苏市	温宿机场
	KRL	库尔勒市	库尔勒机场
	KCA	库车县	库车机场
	IQM	且末县	且末机场
	HMI	哈密市	哈密机场
	FYN	富蕴县	可可托托海机场
内蒙古自治区	HET	呼和浩特市	白塔国际机场
	BAV	包头市	海兰泡机场
	HLH	乌兰浩特市	乌兰浩特机场
	HLD	海拉尔区	东山国际机场
	XTL	锡林浩特市	锡林浩特机场
	CIF	赤峰市	土城子机场
	TGO	通辽市	通辽机场
	NZH	满洲里市	西郊机场
	WUA	乌海市	乌海机场
西藏自治区	LXA	拉萨市	贡嘎机场
	BPX	昌都市	昌都邦达机场
重庆市	CKG	重庆市	江北机场
	WXN	万州区	万州机场
	BPX	梁平区	梁平机场
北京市	PEK	北京市	首都国际机场
	NAY	北京市	南苑机场

续表：附录二

省（区、市）	三字代码	机场所在地	机场名称
上海市	PVG	上海市	浦东国际机场
	SHA	上海市	虹桥国际机场
天津市	TSN	天津市	滨海国际机场
香港特区	HKG	香港地区	香港国际机场
澳门特区	MFM	澳门地区	澳门国际机场
台湾地区	TPE	台湾地区	桃园国际机场

附录三　民航安全检查须知

（中国民用航空局关于民航安全检查的相关规定）

一、关于禁止随身携带或托运的物品的有关规定

中国民用航空局规定，在中国境内乘坐民航班机禁止随身携带或托运以下物品：

（1）枪支、军用或警用械具（含主要零部件）及其仿制品；

（2）爆炸物品，如弹药、烟火制品、爆破器材等及其仿制品；

（3）管制刀具；

（4）易燃、易爆物品，如火柴、打火机（气）、酒精、油漆、汽油、煤油、苯、松香油等；

（5）腐蚀性物品，如盐酸、硫酸、硝酸、有液蓄电池等；

（6）毒害品，如氰化物、剧毒农药等；

（7）放射性物品，如放射性同位素等；

（8）其他危害飞行安全的物品，如有强烈刺激气味的物品、可能干扰机上仪表正常工作的强磁化物等。

二、关于禁止随身携带但可托运的物品的有关规定

中国民用航空局规定，在中国境内乘坐民航班机禁止随身携带以下物品，但可放在托运行李中托运。禁止乘机旅客随身携带但可作为行李托运的物品包括：

（1）菜刀、水果刀、大剪刀、剃刀等生活用刀；

（2）手术刀、屠宰刀、雕刻刀等专业刀具；

（3）文艺单位表演用的刀、矛、剑；

（4）带有加重或有尖钉的手杖、铁头登山杖，棒球棍等体育用品；

（5）斧、凿、锤、锥、扳手等工具和其他可以用于危害航空器或他人

人身安全的锐器、钝器；

(6) 超出可以随身携带的种类或总量限制的液态物品。

三、关于液态物品携带的有关规定

(一) 乘坐国际及地区航班

中国民用航空局规定：

(1) 乘坐从中国境内机场始发的国际、地区航班的旅客，其携带的液态物品每件容积不得超过100毫升（ml）。容器容积超过100毫升，即使该容器未装满液体，亦不允许随身携带，需办理交运。盛放液态物品的容器，应置于最大容积不超过1升（L）的、可重新封口的透明塑料袋中。每名旅客每次仅允许携带一个透明塑料袋，超出部分应交运。

盛装液态物品的透明塑料袋应单独接受安全检查。

(2) 在候机楼免税店或机上所购物品应盛放在封口的透明塑料袋中，且不得自行拆封。旅客应保留购物凭证以备查验。

(3) 有婴儿随行的旅客携带液态乳制品，糖尿病或其他疾病患者携带必需的液态药品，经安全检查确认无疑后，可适量携带。

(4) 旅客因违反上述规定造成误机等后果的，责任自负。

(二) 乘坐国内航班

中国民用航空局规定：

(1) 乘坐国内航班的旅客一律禁止随身携带液态物品，但可办理交运，其包装应符合民航运输有关规定。

(2) 旅客携带少量旅行自用的化妆品，每种化妆品限带一件，其容器容积不得超过100毫升，并应置于独立袋内，接受开瓶检查。

(3) 来自境外需在中国境内机场过站或中转的旅客，其携带入境的免税液态物品应置于袋体完好无损且封口的透明塑料袋内，并需出示购物凭证，经安全检查确认无疑后方可携带。

(4) 有婴儿随行的旅客，购票时可向航空公司申请，由航空公司在机上免费提供液态乳制品；糖尿病患者或其他患者携带必需的液态物品，经安全检查确认无疑后，交由机组保管。

(5) 旅客因违反上述规定造成误机等后果的，责任自负。

四、关于打火机、火柴的有关规定

中国民用航空局规定：

禁止旅客随身携带打火机、火柴乘坐民航班机（含国际/地区航班、国内航班），也不可放在托运行李中托运。

五、旅客携带锂离子电池乘机提示

根据中华人民共和国民用航空行业标准《锂电池航空运输规范》（MH/T1020—2009）和《旅客和机组关于携带危险品的航空运输规范》（MH/T1030—2010）等相关规范，旅客携带锂离子电池乘坐民用航空器时，要注意如下事项：

（1）携带的锂离子电池额定能量不允许超过160Wh，超过160Wh的应通过危险货物手续进行运输。

（2）内含锂离子电池的设备（如手提电脑、照相机、便携式摄像机等），应按如下规则携带运输：

①可放置在托运行李及随身行李中携带。

②应有防止意外启动的措施。

③锂离子电池额定能量不应超过100Wh。

④额定能量在100Wh（不含）至160Wh（含）的随设备锂离子电池，应经运营人（航空公司）批准。

（3）备用锂离子电池，应按如下规则携带运输：

①只可放置在随身行李中携带。

②应单个做好保护以防短路，可将备用电池放置于原厂零售包装中，或对电极进行绝缘处理。例如，将暴露的电极用胶布粘住，将电池单独装在塑料带或保护袋中。

③单个锂离子电池额定能量不应超过100Wh。

④经运营人（航空公司）批准，可携带额定能量在100Wh（不含）至160Wh（含）的备用锂离子电池，但不能超过2块。

六、关于酒精饮料携带标准的提示

根据国际民航组织9284号文件及《旅客和机组携带危险品的航空运输规范（MH/T1030—2010）》的要求，关于酒精饮料携带标准规范如下：

旅客不应随身携带酒精饮料乘机，但可将酒精饮料作为托运行李交运，其包装应符合民航局的有关规定。

酒精饮料作为托运行李交运时，其数量应符合下列规定：

①酒精体积百分含量小于或等于24%的，不受限制；

②酒精体积百分含量在24%~70%（含70%）之间的，每人交运净数量不超过5升；

③酒精体积百分含量大于70%的，不应作为行李交运。

参考文献

1. 江群，王春. 民航基础知识应用. 北京：国防工业出版社，2007.
2. 刘得一. 民航概论. 北京：中国民航出版社，2000.
3. 黄永宁. 民航概论. 北京：旅游教育出版社，2007.
4. 民航资源网. http://www.carnoc.com.